统计学类专业本科毕业论文质量管理体系建设研究

王春枝　王莹　斯琴　等著

中国商务出版社

·北京·

图书在版编目（CIP）数据

统计学类专业本科毕业论文质量管理体系建设研究 /
王春枝等著 . -- 北京：中国商务出版社，2025.
ISBN 978-7-5103-5572-1

Ⅰ . C8-533

中国国家版本馆 CIP 数据核字第 2025EQ1284 号

统计学类专业本科毕业论文质量管理体系建设研究
TONGJIXUE LEI ZHUANYE BENKE BIYE LUNWEN ZHILIANG GUANLI TIXI JIANSHE YANJIU

王春枝　王莹　斯琴　等著

出版发行：中国商务出版社有限公司
地　　址：北京市东城区安定门外大街东后巷 28 号　邮编：100710
网　　址：http://www.cctpresscom
联系电话：010-64515150（发行部）　010-64212247（总编室）
　　　　　010-64243016（事业部）　010-64248236（印制部）
策划编辑：刘文捷
责任编辑：刘　豪
排　　版：德州华朔广告有限公司
印　　刷：北京建宏印刷有限公司
开　　本：787 毫米 × 1092 毫米　1/16
印　　张：13.5　　　　　　　　　　字　　数：242 千字
版　　次：2025 年 2 月第 1 版　　　印　　次：2025 年 2 月第 1 次印刷
书　　号：ISBN 978-7-5103-5572-1
定　　价：78.00 元

P 前言
REFACE

随着高等教育的普及，本科毕业论文作为衡量学生学术水平的重要标尺，其质量问题日益受到关注。特别是在统计学等应用性强的学科中，本科毕业论文的质量直接关系到学生的实践能力与创新能力的培养。因此构建科学有效的质量管理体系，对于规范毕业论文管理、提高论文质量、促进学生全面发展具有重要意义。

本书的研究采用文献综述法，梳理国内外关于本科毕业论文质量管理的研究成果。运用实证分析法，以内蒙古财经大学为例，采用描述统计分析方法分析了统计学类专业本科毕业论文在选题、统计方法使用、参考文献引用、指导教师情况、成绩等方面的现状以及存在的主要问题。研究发现，论文在选题方面存在选题过大过难、选题重复、缺乏创新、选题缺乏实际应用价值的问题。在统计方法使用方面存在统计方法掌握不足、统计软件的误用、结果解释的缺乏的问题。在参考文献引用方面存在引用的文献时间久远、引用的文献质量较低、引用文献的格式不规范、引用文献的数量问题、引用文献的原因问题五个方面的问题。在指导教师情况方面存在指导方式问题、指导次数问题、指导态度问题。在成绩方面存在学生在毕业论文撰写中积极性、能力及创新性不足，在答辩过程中语言表达和思维应变能力不足的问题。

然后结合问卷调查，收集学生、指导教师对论文质量管理的意见与建议，采用结构方程模型研究了统计学类本科毕业论文质量影响因素的三个维度。研究发现，在学生自身因素方面，学生本科期间对统计学软件和理论的掌握程度、学生的时间安排、学生的研究兴趣和积极性是本科毕业论文质量的重要影响因素。在指导教师因素方面，指导教师的职称、指导毕业论文经验、与学生的互动方式、指导教师对论文的整体要求是本科毕业论文质量的重要影响因素。在学校因素方面，学术氛围、学校政策和资源投入、答辩管理是本科毕业论文质量的重要影响因素。

最后，本书构建了基于ISO 9000理念与PDCA循环的质量管理体系架构，制定了毕业论文质量评价标准和评价指标体系。研究发现，构建科学有效的质量管理体系是提升统计学类专业本科毕业论文质量的关键。高校应加强对毕业论文质量管理的重视，完善相关规章制度，加强指导教师队伍建设，提高学生的学术素养与创新能力。

本书各章编写人员为：第1章，贺晶华、梁建杰；第2章，斯琴；第3章、第4章，王莹、周雨、宋丹阳、温伟庭、张纯玮、张博然；第5章，梁建杰、贺晶华；第6章，王骏。最后由王春枝、王莹、斯琴对全书进行统筹和修订。

由于作者学识、水平有限，书中难免有错误和疏漏，恳请国内外相关领域专家学者以及读者批评指正。同时，感谢中国商务出版社编辑为本书出版付出的辛勤努力。

作者

2024年11月

目录 CONTENTS

1 绪 论

在党的二十大报告中，习总书记指出，要将教育作为国之大计、党之大计。全面贯彻党的教育方针，坚持以人民为中心发展教育，加快建设高质量教育体系，发展素质教育，促进教育公平。高等教育是衡量国家发展水平和综合实力的重要标志，更是教育事业的关键组成部分，对提高我国的国际竞争力和促进个人自身发展具有重要意义。如今，随着全球化进程的加速，我国进入了高质量发展阶段，对高等教育提出了高质量发展的要求，坚持在高质量发展中推进高等教育发展，解决高等教育不平衡的问题，促进高等教育公平，构建现代高等教育体制，满足人民日益增长的对高质量文化的需求，促进我国教育事业的稳步提升。

21世纪以来，我国高等教育进入飞速发展的时代，高等教育的规模持续扩大，教育类型也在逐渐多样化，教育质量不断提升。2022年，我国有高等学校3013所，其中，普通本科学校1239所（含独立学院164所），各种形式的高等教育在学总规模4655万人，比上年增加225万人[1]。种种变化表明，我国正在不断满足人民对高等教育的需求。2024年7月18日，党的二十届三中全会通过了《中共中央关于进一步全面深化改革推进中国式现代化的决定》，明确表明要在深化教育综合改革中加快建设高质量教育体系，优化高等教育布局，加快建设中国特色、世界一流的大学和优势学科。如今高等教育代表着一个国家的发展水平和发展潜力，为实现社会主义现代化强国的建设和中华民族的伟大复兴，我们要比以往任何时候都更加需要高等教育，而本科教育是培养高素质人才的重要方式。为全面贯彻落实全国教育大会精神，教育部提出加快建设高水平本科教育以及全面提升人才培养能力的意见，为建设高水平本科教育，培养大量高素质人才，以及国家的繁荣富强提供人才支撑。

为推动对本科教育的健康发展，不断深化本科教育改革，2018年9月17日，教育部在《关于加快建设高水平本科教育全面提高人才培养能力的意见》中决定将提高本科教育教学质量作为目标，要求高等院校必须主动适应国家战略发展新需求和世界高等教育发展新趋势，把本科教育放在人才培养的核心地位、教育教学的基础地位、新时代教育发展的前沿地位。高等院校的本科毕业论文正是检验人才培养效果的重要方式，在高校本科生综合运用各种文献资料、与指导教师沟通协作等方面具有不可替代的作用，也是贯穿高水平本科教育的重要方法，是衡量高等院校教学质量高低的重要标准。

高校本科毕业论文是学生在毕业之前需要撰写的有关自身所学专业领域的学术

论文,是学生毕业之际需要经历的最后学习阶段,作为学生毕业和学位资格认定的依据,同时也可以依据毕业论文判断高等学校的教育教学质量,检验本科生对于大学期间的专业理论知识和技能的掌握情况,是对本科生的实践能力和综合素质进行的一次全面性考核,不仅对学生收集、处理、加工和对信息进行分析的能力进行培养,而且是培养学生创新能力的重要方式之一,对提高学生专业素质和学术研究水平有着重要的意义。

近年来,高校本科毕业论文的质量管理工作却逐渐暴露出一些问题,总体分为主观和客观两个层面:从主观层面来讲,在撰写论文的过程中,一些本科生对于毕业论文的重视程度不高,没有认识到毕业论文的撰写不仅是检验学生对专业知识学习的程度和水平,更是培养学生发现、分析和解决实际问题的能力的必要途径。而且部分学生对专业知识的掌握不全面,没有扎实的理论知识作为基础,缺乏社会实践经验,难以将理论知识与实际问题相结合,以及论文写作的基本功相对缺乏,对论文课题的理解程度不足,撰写毕业论文的时间与学生寻求就业机会的时间相重合,学生不重视毕业论文,毕业论文的质量难以保证。一些学生存在代写、剽窃、抄袭等行为,出现了毕业论文创新性不高、选题意义不明确等问题。从客观层面来讲,一方面随着高等院校办学规模的不断扩大,招生人数增加,毕业生人数也在不断增长,各个高校教学资源有限,难以保证学生将自己所学理论知识应用于实际的生活中,指导教师的工作难度和强度明显增加,校内教师带教能力有限,毕业生的论文质量也出现了参差不齐的情况;另一方面,由于一些客观条件的限制,院校能为学生提供的资源和收集参考文献的渠道匮乏,学生在采用调查问卷法时,实地调查获取第一手资料的机会较少。与此同时,学生在撰写毕业论文阶段,指导教师指导水平较低、科研能力差,没有对学生进行专业指导,师生之间缺乏定期交流的情况也会存在。

目前多数研究成果是以本科生总体为对象进行毕业论文质量方面的研究,很少细分到不同专业,也有文献对某一具体学科专业的毕业论文质量问题进行探讨,例如数学类专业、经济类专业,而目前部分年轻教师对统计学类专业的认知较少,课程模式单一,不能培养学生运用统计思维去解决实际问题的能力,所以对于统计学类专业毕业论文方面的研究较少。统计学类专业在自然科学和社会科学领域中发挥重要的作用,然而以地方高校为例所进行的有关统计学类本科毕业论文质量管理方面的研究更是少之又少[2,3]。目前关于统计学类本科毕业论文质量的影响因素和问题的研究尚未达成一致,没有形成较为完善的统计学类专业毕业论文质量管理体系和机制。为此，本书借鉴本科毕业论文质量管理的相关研究成果，研究统计学类专业本科毕业论文质量的影响因素，在此基础上，对内蒙古财经大学的统计学类专业本科毕业论文的质量及其管理进行评价，探讨毕业论文质量管理体系和机制的理论和实际问题，这对内蒙古财经大学以及其他高校统计学类专业的本科毕业论文质量提升具有积极的参考意义。

1.1 研究目标与研究意义

1.1.1 研究目标

统计学类专业本科毕业论文质量管理体系建设研究的研究目标主要包括：

第一，提高毕业论文的质量，这也是最核心的目标。通过问卷调查和查阅本科毕业论文及相关文献等方式，分析统计学类本科毕业论文的基本情况，从毕业论文的选题、研究内容、研究方法等多方面了解统计学类专业的本科毕业论文现状，针对现存的问题提出相应的对策，从而提高毕业论文的整体质量。

第二，规范本科毕业论文质量管理体系。毕业论文质量管理体系是以论文的写作和结果作为基础的质量管理体系，该体系可以从毕业论文的选题、开题、中期检查、答辩等各个环节提高本科毕业论文质量，从学生、指导教师以及学校管理部门三个层面进行分析，研究毕业论文质量的影响因素，加强毕业论文质量管理与教学工作中的质量控制，实现本科毕业论文全过程管理，以确保毕业论文管理的有序性和公正性。

第三，增强学生科研能力和提高教师的教学管理水平。毕业论文是检验学生本科阶段学习成果的重要环节，也是培养学生科研能力的重要途径。其一，指导教师在引导学生撰写毕业论文的过程中，培养学生学会独立思考、科学研究和创新实践，从而提升其科研能力。其二，教师对毕业论文的指导水平和自身的学术、科研能力将直接影响到论文的质量，通过本科毕业论文质量管理体系的建立和实施，可以促使教师更加注重对学生科研能力的培养，同时提高教学管理机构的管理水平和效率。

第四，满足社会需求。统计学类专业知识与方法在社会各个领域都有广泛的应用，学生毕业论文的质量直接影响到毕业生的就业竞争力和职业发展。因此，构建毕业论文质量管理体系，也可以满足社会对高质量统计学人才的需求，提升毕业生的就业竞争力和社会适应能力。

1.1.2 研究意义

通过深入研究本科毕业论文质量的影响因素，分析毕业论文质量现状以及存在的问题，为建立和完善统计学类专业毕业论文的质量管理体系提出具体建议，从而进一步提高该类专业的本科毕业论文质量，有一定的理论与实际意义。

1.1.2.1 理论意义

第一，本书以统计学类专业的四年专业课程为依据，根据学生的实际情况，制定适合学生的培养方法，将良好的师资力量作为条件，在优化教学方法的基础之上，梳理学生有关统计学专业的知识框架，从而奠定学生在统计学类专业方面的理论基础，使学生认识到毕业论文对自身学术经历的重要性，掌握毕业论文写作的基本知识和要求。

第二，深入研究本科毕业论文的质量标准，论证分析高校统计学类专业毕业论文质量的主要影响因素，为高等院校建立和完善毕业论文质量管理体系提供相关理论依据，同时也对高校毕业论文质量管理的研究领域进行补充拓展。

第三，以内蒙古财经大学为例，分析统计学类本科毕业论文质量的基本现状，针对统计学类本科毕业论文质量这一主题进行研究，将问卷、访谈作为研究基础，对毕业论文的选题、统计方法的使用、参考文献的引用等方面的情况进行详细梳理，针对统计学类专业当前毕业论文中存在的问题提出针对性建议，为提高高校的统计学类专业本科毕业论文质量提供理论依据，同时也为高校针对统计学类专业的教学工作和人才培养提供借鉴指导。

1.1.2.2 实际意义

第一，本研究通过对内蒙古财经大学统计学类专业的本科毕业论文质量进行评价，总结学生在撰写毕业论文、教师指导监督、学校管理人员审核的过程中出现的问题，为加强各环节论文的指导管理提供一定的依据，有助于引起高校、指导教师、本科生对于毕业论文的重视，高校可以及时发现并解决毕业论文相关的问题，强化责任意识，指导教师和学生进行自我反省，及时针对不同专业的实际情况调整教学安排，也可以为其他高校研究本科毕业论文质量管理提供一定的参考。

第二，完善毕业论文质量的监管体系和管理机制，从整体上确保统计学类专业的毕业论文质量，把握毕业论文的写作进度，帮助高等院校进一步了解该类专业的具体情况，方便院校制定符合该类专业的教学课程，开设毕业论文写作的相关课程和比赛，培养学生的实践和创新能力，锻炼学生运用统计专业知识和软件的能力，以便于学生在本科期间能熟知并掌握统计学类专业的相关理论知识，保障学生顺利完成毕业论文，提升毕业论文质量。

第三，规范毕业论文的组织管理工作，对于毕业论文的选题、指导、中期检查、论文撰写、答辩等环节做出具体要求，制定科学规范的检查评估和质量管理体系，严格监督检查学生的毕业论文写作的整个过程。

第四，指导教师可以依据毕业论文质量监管体系合理安排教学规划，对于学生的论文的选题、写作方向、知识灵活运用等方面提出合理意见和建议，定期检查学生的论文写作进度，督促学生高标准完成毕业论文。

第五，通过对统计学类专业本科毕业论文质量这一主题进行研究，吸引更多专家学者关注该领域的问题，更好地促进统计学类专业本科毕业论文质量的提升，结合专业特色和优势，改进完善教学工作和人才培养，有利于提高统计学类专业所在院校的办学质量。

1.2 概念界定

本小节对本研究所涉及的具体概念做进一步说明解释，所涉及的主要概念包括定性分析、定量分析、本科毕业论文、本科毕业论文质量管理体系。

1.2.1 定性分析

通过描述、解释现象，对文本、图片等非数值型数据进行分析的方法，分析结果具有一定主观性，可以深入理解现象的本质。研究对象是规模较小且有代表性的样本时使用定性分析，常用于进行社会科学研究。

1.2.2 定量分析

通过使用数学和统计软件对数据进行测量、处理的方法，以统计和量化为主，特点是具有可重复性，使用数值型数据，依靠数学模型和统计工具得出结论，分析结果相对客观。在收集到大规模的数据样本时常使用定量分析，侧重于用数学和统计学的方法来分析解释信息。

1.2.3　本科毕业论文

毕业论文是以培养学生科学研究能力与检验专业知识能力为目标，要求学生在毕业前独立完成的学术论文[4]。这是对特定专业领域相关理论与实践问题的科学探讨和研究，是按照高等院校的教学计划，学生在毕业之前，由专业教师交流指导，独立完成的学术论文，是实现理论学习与实践应用相结合的有效方式。撰写毕业论文的过程不仅检验学生的基本专业知识和技能，而且是培养学生独立工作能力的重要途径，培养学生综合运用文献资料的能力。本研究的研究对象是内蒙古财经大学完成毕业论文的统计学类专业的本科生，统计学类专业不仅需要学习理论知识，更需要进行实践。对统计学类专业毕业论文的研究，可以体现出学生结合实际问题，运用统计学的相关理论知识和统计软件进行实践的过程。本研究中的毕业论文被定义为统计学类专业本科生利用所学理论知识解决统计学类专业的学术问题的文章。

本科毕业论文在本科教育中的作用尤为重要，原因如下：①毕业论文是完成本科教育培养目标的重要环节之一，是检验学生对专业基本理论知识和科研技能的掌握程度，同时也是考察大学本科教学水平的重要项目。②撰写毕业论文是提高学生运用专业知识和技能的方式，促进学生将所学知识综合运用到实践中，同时培养学生发现、分析、解决问题的初步能力，有效提高写作水平和表达能力。③毕业论文的写作工作可以培养大学生的创新和实践能力，体现教育与社会实践活动相结合的过程，是学生从学校迈入社会的转折点。

1.2.4　本科毕业论文质量管理体系

管理体系的科学化和规范化要求制定科学严密的规章制度，规范管理的工作过程，保障各个系统功能正常运行，使管理工作科学化和规范化。毕业论文质量管理体系是将多个与毕业论文相关的教学管理环节有机联系起来，构成稳定运行的有效机制，从而确保毕业论文的质量。为确保本科毕业论文质量所形成的师资基础、教学条件以及管理框架，其构成可分为四个子系统，分别是毕业论文的前期计划、毕业论文过程管理、毕业论文质量评价以及信息收集、处理和反馈[5]4。

1.3　文献综述

高校本科毕业论文是人才培养过程中的实践环节，国内外许多专家、学者对本科毕业论文的质量问题进行了多维度的研究，也提出了针对性的建议。本研究针对统计学类专业本科毕业论文的现状以及存在的问题、本科毕业论文的质量控制、本科毕业论文质量影响因素、开发并完善毕业论文管理体系四个方面的研究进行文献梳理，对所收集和引用的相关文献中的关键词进行了整理，制作出关键词词云图，如图1-1所示，从中可以看到围绕本科毕业论文，其质量是最受关注的，此外，本科毕业论文的实践属性、保障体系、全面检验学生专业知识方面的属性也是关注的重点。

图 1-1　关键词词云图

1.3.1　本科毕业论文中存在的问题

通过文献梳理可以发现，本科毕业论文中存在的问题主要体现在两个方面：一是论文的形式问题，如结构框架是否完整、参考文献的引用格式是否标准、图表格式是否规范等问题。二是论文的内容问题，如论据是否能充分证明论点、分论点与总论点的关系是否密切、数据是否真实可靠、写作逻辑是否清晰等问题。

Julie等（2011）[6]认为毕业论文中的质量问题产生的原因主要是学生在进行毕业论文写作之前不具备撰写论文的技能。他强调学生应该参加一些导师或者其他教师的研究项目，学校应开设相应的论文写作指导课程和指导教师培训课程，提高学生的论文写作水平，从而提高毕业论文的质量。

Henrik等（2015）[7]认为毕业论文评估中需要建立一个跨学科的综合评估模型，

建立基本的评价体系共享模型，明确形成性评价和总结性评价的界限，并且指导教师与学生之间也应该积极沟通。

钱兵（2017）[8]认为本科生写作能力不足，从而导致毕业论文题目创新性差，研究方法不完善，论文体系不完善。为提高本科生的毕业论文质量，应该建立科研激励和指导机制，开设科研教学课程，采用导师责任制等方法提高学生的语言表达能力和写作能力，提高毕业论文的教学质量。

邓磊波（2021）[9]在查找影响本科毕业论文的问题时，从学生、指导教师以及学校管理部门等多个角度出发，同时分析问题存在的原因。研究发现学生因为面对严峻的就业形势，会优先选择将精力放在考公、考研和就业的问题上，使得学生在完成毕业论文的过程中不重视论文质量。同时教师由于不仅要完成教学工作，而且要为职称评定、考核等投入精力，没有充足的时间对学生的毕业论文进行相应指导，教师对学生的论文质量管理不到位，不积极与学生进行交流，不了解学生的论文写作进展，导致学生的论文写作进展缓慢，进一步影响到毕业论文的完成情况。高校对毕业论文的抽检比例偏低以及毕业论文质量监管和评价体系的不完善，使得学生存在侥幸心理，对论文的写作没有高度重视。综合上述因素，造成了毕业论文质量的不断下降。

王昊明等（2023）[10]采用问卷调查和访谈的方式对多名普通高等院校师生进行调查，以大四学生作为调查对象，发现本科生撰写毕业论文的积极性不高，认为毕业论文与就业关系不大，主观上存在功利心态，对科研缺乏一定的求知欲，客观上毕业论文的开题、答辩时间与学生实习、就业的时间冲突，最终导致学生没有更多的精力和时间去收集相关文献，自身收集整理文献资料的能力有限，同时对科研缺乏一定的探索精神，与指导教师之间的沟通较少，没有深入了解导师的研究方向，导致毕业论文选题与导师研究方向不一致。

宋捷等（2023）[11]以中医学专业的本科毕业论文质量为研究对象，发现毕业生在毕业论文写作中存在论文题目不清晰、关键词不明确、语言繁复冗长、摘要赘述的问题，例如绪论没有主要围绕论文主题展开叙述，结论部分有主观看法，绪论与结论之间没有相互衔接，展望缺乏实际性，对各个部分的写作没有清晰的认知。

李珊和罗婷丹（2024）[12]梳理了本科毕业论文中存在的微观结构、中观结构和宏观结构的逻辑问题并分析其成因，发现从学生层面来看，学生缺乏必要的写作练习，写论文之前未重视论文的整体框架和提纲，对论文的整体结构和段落间的关系把握不到位。从教师层面来看，部分指导教师精力投入不足，不能给予学生客观科学的评价和指导，与学生之间缺乏有效沟通渠道，不能指出学生论文的逻辑问题。从人才培养方案层面来看，与毕业论文相关的写作课程设置较少，学生没有锻炼提高自身论文写作能力的机会，同时也疏忽了对于学生的逻辑思维能力的培养，学生难以形成完整的知识逻辑体系。

刘赞玉（2024）[13]以某校土木工程专业毕业论文作为研究对象，指出毕业论文中存在的问题主要分为三类：论文选题脱离专业范畴和方向；内容上缺乏创新，数据陈旧，对专业知识和技能的掌握不全面深入；摘要、关键词没有达到标准字数，参考文献格式引用错误。

林玉凤（2024）[14]根据自身指导学生毕业论文的经验，归纳整理高职学生毕业论文中存在的问题，具体可以分为以下几个方面：学生忽略了对专业知识的学习，没有充分了解毕业论文的重要性；毕业论文写作时间与考试、实习和就业的时间重合；学生的论文写作能力欠缺，文章结构错乱，引用文献存在格式问题，段落语句不连贯，没有逻辑；论文构成要素与论文基本规范有出入；选题脱离实际，缺乏创新；论证存在逻辑问题，论据不足以支撑论点，总论点与分论点联系不紧密；师资力量薄弱，教师科研能力不足，教学任务繁重，责任心不强，没有考虑论文的实际作用。

1.3.2　对本科毕业论文质量控制的研究

段冰（2010）[15]强调本科毕业论文对于高等学校本科生的重要作用，从选题和写作两方面分析毕业论文中存在的问题，指出问题出现的原因有：学生对毕业论文的重视程度不足，写作能力缺乏，以及高校教师自身的问题，比如对毕业论文缺乏系统的认识，没有经过专业培训，思想上不重视毕业论文，没有充足的时间和精力对学生进行论文的指导工作。还有学生撰写毕业论文的时间被安排在学生找工作就业的期间，巨大的择业压力更是让学生将精力都放在求职择业上，无暇顾及毕业论文对自己未来发展的影响。同时作者提出了针对性的建议：通过加强学生、教师和高校对毕业论文重要性的教育，与多个教学环节联系，以此促进完整教学体系的构成；制定毕业论文相关的质量评价标准，统一建立质量评价方案，从选题、专业能力、质量评估等多方面对撰写的毕业论文进行系统规范以及综合评估。

姚世斌等（2016）[16]认为毕业论文评价体系的缺失会导致各个院校的本科毕业论文质量差距大，评价体系可以明确论文的评价标准和评价方法，并且采用层次分析法构建论文评价体系，其中一级指标包含论文选题和综述、基础知识和理论应用、能力水平等五个指标，二级指标包括文献检索和文献综述、创新意识、逻辑层次、论文相似率等19个指标。

薛冬梅（2018）[17]阐述了高校本科毕业论文中可能存在的问题，其中学生思想上不重视论文的重要性以及师资力量不足为主要问题，最终提出相应对策，认为应从完善论文管理制度以及加强毕业论文设计的流程管理和过程管理等五个方面入手，以此来提高高等院校本科毕业论文的质量管理效果。

林莉和刘静宜（2022）[18]认为在影响应用型本科高校的毕业论文质量的诸多因素中，各个高校对本科毕业论文的重复率检验标准和系统不统一，以及国内毕业论文查重检测系统的诸多限制（比如对同一含义的相似表达判定为重复，改变语句结构和顺序，导致论文语义不通顺和语句之间衔接不连贯等），以及学生出于自身原因而没有重视对毕业论文的写作是排在前三位的。一方面，面对如今竞争激烈的就业市场和巨大的就业压力，多数学生会选择将精力放在考研、考公、实习和就业上，避免出现毕业即失业的情况。另一方面，学生对专业知识的学习不够深入，缺乏系统的实践机会，无法将专业理论知识与实际生活中的问题相联系，同时学习压力大、外语水平不高等原因导致学生对科研方面缺乏一定的积极性。对此提出系列建议以提高毕业论文的质量，社会应该营造诚实守信的氛围，对公民进行潜移默化的诚信教育；学校合理安排教学课程，适当增加社会实践相关课程，避免学生在校学习期间与社会脱轨；指导教师需要提高责任意识，及时督促指导学生完成毕业论文；学生在学习好专业知识的基础上重视社会实践的重要作用，从实践中学习运用理论知识，合理规划时间，学习多种收集文献信息的方法，保障毕业论文质量的提升。

何丽萍和杨颖羿（2023）[19]以湖南科技学院为例，深入研究探讨毕业论文质量的现状、存在的问题及其原因，指出毕业论文存在选题陈旧和专业性不强、写作不规范严谨、学生理论知识不扎实等问题，主要因为学生科研能力不足，教师指导毕业论文能力有限，学校的毕业论文管理和评价体系尚未完善。在此基础上，介绍了毕业论文"三全"质量监管体系：毕业论文质量管理组织体系、毕业论文质量管理制度体系和毕业论文质量监控体系，增强学生和指导教师的论文质量意识，真正实现全方位监控、全过程管理、全员参与。

杨林等（2023）[20]面对学生思想上不重视毕业论文，毕业论文的选题、开题、撰写与答辩等相关工作开展较晚，指导教师无法针对性指导以及学术部门存在监管不力等问题，为提高水利类专业本科毕业论文质量，建议采用专业导师制，学生可以与导师进行交流，锻炼论文写作能力和综合运用文献资料的能力，与导师共同商定课题，导师跟进监督毕业论文写作进度，导师专业指导学生，发现问题及时解决，学校、导师、学生三位一体，健全监管体系，保障学生顺利完成毕业论文。

1.3.3 对本科毕业论文质量影响因素的研究

田东林、彭云和谭淑娟（2011）[21]分析了目前高等本科院校的毕业论文普遍存在的写作格式不规范、选题和内容缺乏创新等问题，研究发现主要原因是学生对毕业论文的重要性认识不够充分、专业知识和写作能力缺失、投入撰写论文的时间精力不足，以及高校对本科毕业论文质量的监管不力，没有健全的管理体系和管理制度规范。认为高校应不断深化教育教学改革并且制定实施人才培养标准，健全教学质量保障体系。

陈心想和董书昊（2022）[22]结合社会学理论，以社会学系学生作为访谈对象进行访谈调查，研究发现：因毕业论文对于求职择业的影响小，从而导致学生在论文写作方面投入较少的时间成本，进一步影响到了毕业论文的质量；而计划升学的学生比计划就业的学生更加注重毕业论文的撰写，因为升学成功会激发学生对毕业论文写作的积极性，另外升学也同时使得学生没有了就业压力，有更多的时间和精力去撰写毕业论文。指导教师在学生写作的过程中起到了督促的作用，其不仅在论文的选题和兴趣方向上提供一定的指导，还可以通过开组会等形式帮助学生把握写作的进度，及时了解学生的写作动态。相较于指导教师，同学之间的交流和参考对毕业论文写作过程及其质量的影响较小，起到间接性的作用，主要通过潜在的观察影响学生对论文的质量要求。为改变毕业论文质量现状，应该建立奖励机制，提高学生写作的积极性，同时指导教师要及时指导学生，做好毕业论文质量的把控，也可以积极鼓励学生进行交流活动，形成良好的学习氛围，进一步促进毕业论文质量的有效提升。

白志玲和秦丙克（2023）[23]48-50针对不断下滑的本科毕业论文总体质量，阐述了学生、指导教师、高等院校和"理想"与"现实"的矛盾这四个方面对本科毕业论文质量的影响程度，最终发现高等院校学生对毕业论文的重视程度不足，主观能动性缺乏从而导致其创新意识不强和科学素养有待提高。而指导教师对于毕业论文指导水平的高低、学校对毕业论文的质量管理工作和质量评价体系的建立，更是在一定程度上影响本科毕业论文质量的重要因素。

姬志恒（2024）[24]采用调查问卷法，分析了经管类各专业的本科毕业论文质量影响因素，并且对山东省两所高校的本科毕业班进行焦点访谈，收集整理问卷后采用回归分析法，构建分层回归模型进行实证分析，最终发现学生的精力投入和师生互动是影响毕业论文质量的关键因素，周边氛围可以正向调节资料占有和精力投入对毕业论文质量的影响。

1.3.4 毕业论文管理系统的研究与开发

江平（2009）[25]在了解全面质量管理的理论和思想的基础之上，对毕业论文质量管理体系中的质量管理组织体系、监控体系、改进体系以及质量管理评价体系等进行详细介绍说明。对实践中存在的问题提出针对性对策，合理安排毕业论文工作的各个环节，明确指导教师责任，建立并完善毕业论文奖惩机制，完善毕业论文质量。

吴永梅（2011）[5]9在论文中采用调查问卷法、查阅文献法等方式，系统研究本科毕业论文的质量现状及学生在论文写作过程中遇到的问题，以及与质量管理体系的构成相关的理论和实际问题，同时从学生、指导教师、学校管理三方面分析影响本科毕业论文质量的主要因素，其中学生综合素质的下降、专业知识和科研素养的缺乏是学生方面的因素，部分指导教师态度不端正、责任心不强以及指导毕业论文的能力不足，高等院校对于毕业论文的管理制度不完善，缺乏行之有效的具体管理措施和监督机制。对此提出一些对策和建议，其一，厘清本科毕业论文质量管理的影响因素，分析可能存在的问题和漏洞，进一步完善管理体系；其二，加强本科毕业论文质量管理体系建设，学校重视建设师资队伍，培养青年教师，成立本科毕业论文工作领导小组，完善毕业论文管理的相关规章制度，建立毕业论文指导工作的监督和质量评价机制。

武云亮和陈阿兴（2012）[26]针对财经类本科毕业论文的问题，提出了在总体上把握学术性论文这一基本定位，要求学生多关注和学习现有专业领域内的研究成果，了解前沿信息，丰富自身专业知识储备，形成自己独特的见解，高校管理层和教师需要注重本科毕业论文教学的两个显著特性，即习作性和专业性，培养学生通过专业知识和技能解决实际生活中的问题的能力，同时考虑学生的实际能力，避免学生因为压力过大无法完成毕业论文。在此基础上注重培养学生的品德、能力，树立学生求真务实的学习作风，对于学术不端的行为及时杜绝。经过调查研究发现，多数学生肯定了本科毕业论文对于自身的长期发展有重要作用，但受自身专业知识水平的限制，认为自己的毕业论文与自己的预期还有一定差距。在影响本科毕业论文质量的多种因素中，学生和指导教师是影响论文质量的重要主体因素，多数学生认为专业能力不足且缺乏提升写作能力和综合运用文献的机会。由于学生撰写毕业论文的过程正处于实习或者找工作的阶段，缺乏教师的沟通和督促，导致学生对于毕业论文的实际投入时间远低于学校安排的时间。对于毕业论文的提纲和结构等方面缺乏指导教师的引导。针对这些问题，应从以下几点入手：第一，结合各专业特色确定教学目标，改变传统认知，实现学生由被动接受向主动学习的转变，认识本科毕业论文对大学阶段以及今后发展的重要价值。第二，加快毕业论文教学体系的系统化建设，将毕业论文与教学环节相互联系，提前培养学生的逻辑思维能力和论文写作能力。第三，采用多样化指导方式，将教学管理融入日常，改变现有的教学实践活动，增强师生课间互动交流。

王守佳等（2019）[27]采用B/S网格结构，通过对Web应用程序构建SSH框架，分别使用Java和Oracle作为开发工具，创建信息系统来管理数据资源，并将该系统应用于吉林大学的毕业论文管理工作中。

廖妍和李昕（2019）[28]建立和完善基于Web技术的B/S结构的毕业论文的过程性管理模式，关键技术采用LAMP架构作为系统架构，兼顾负载均衡技术和OPcache缓存技术，规范化管理和实时监控毕业论文的选题、撰写、答辩的各个环节，大幅度提升了系统性能。该系统分为基础数据、论文管理、答辩管理和成绩管理四个模块，实现对学生撰写和修改论文监管的全过程化。详细介绍了系统的业务流程和功能，针对学生、教师以及管理员等多重角色给予相应的权限分配，提高了教务管理人员、指导教师和答辩教师的工作效率，保障了本科毕业论文质量的稳步提升。

刘晓东和张静（2020）[29]改革管理模式，对高校毕业设计（论文）教学管理信息系统进行详细的功能介绍，简化学生、指导教师、管理者在不同阶段的功能，满足个性化需求，采用多方参与的模式，为节约成本采用电子档案，实时监控各个阶段论文的写作进度，同时师生的信息资源可以共享，提高学生写作效率，降低时间成本，保障了毕业论文质量的可靠性。

孙超（2021）[30]简化高等院校毕业论文的管理系统，详细介绍了论文管理系统结构中的B/S架构和C/S结构，设计高校毕业论文系统，从学生、指导教师和管理人员角度出发，满足个性化需求。全面介绍了系统的基本流程，对两个系统进行功能设计，包括提交子系统和查重子系统，提高效率，简化管理流程，推动高校毕业论文管理的自动化、数字化的进程。

王凌斐（2021）[31]对传统人工管理模式进行改变，运用多段毕业设计（论文）管理系统，针对人工管理模式中出现的问题，例如，学生的选题可能与指导教师的研究方向不相关、教师不能针对性指导学生、教务管理人员无法掌握毕业论文的写作进度和质量。优化过程化管理系统模式，对于不同系统使用者的需求，从系统初始化、选题、撰写等多个阶段分别介绍教务管理人员、指导教师以及学生可以使用的具体功能。另外详细介绍了系统的前台模式设计、数据库设计以及系统设计时间分布，为师生交流沟通以及把握论文写作进度提供便利，实现监管过程透明化、过程性材料无纸化以及管理模式电子化。

国内对本科毕业论文质量的研究较多，国外对此研究较少，而且多数研究是针对本科毕业的现状和问题，从毕业论文的格式和内容两个方面进行研究，通过问卷调查法、文献法等方法，对影响毕业论文质量的因素进行深入探讨，从而提出针对性对策。而对本科毕业论文管理系统的研究，则是针对毕业论文质量管理中的各个环节进行详细介绍，对毕业论文管理系统进行功能设计，满足学生和教师的个性化需求，但大部分的毕业论文管理系统没有结合专业特点，针对专业的实际需求进行设计，缺乏一定的实用性。本研究在前人研究的基础上针对统计学类专业的人才培养方案，实地调查内蒙古财经大学统计学类专业的本科毕业论文写作情况，详细介绍本科毕业论文的特点和功能，对统计学类本科毕业论文基本状态进行分析，调查影响统计学类专业本科毕业论文质量的因素，为推动统计学类本科毕业论文质量管理体系建设提出合理的建议。

1.4　研究内容

本研究以内蒙古财经大学统计学类专业本科毕业论文质量管理为研究课题，主要内容可分为六部分：

第1章，绪论。主要阐述本研究的背景和意义，分析国内外专业人士对于本科毕业论文管理这一领域的研究情况，了解本科毕业论文管理体系的现状，探究其研究方法。同时，基于本科毕业论文相关文献的整理与归纳，针对本研究的核心概念——本科毕业论文、本科毕业论文管理体系等进行界定。

第2章，本科毕业论文质量标准。介绍本科毕业论文的特点以及功能，明确影响本科毕业论文质量的主要因素，确定评价依据，将学生的平时成绩、参加竞赛及获奖情况、毕业论文的写作水平等综合考量。

第3章，统计学类本科毕业论文基本状态分析。针对性分析统计学类专业本科毕业论文的基本情况，从毕业论文的选题、统计方法、参考文献、指导教师、成绩分布这五个方面，以内蒙古财经大学统计学类专业本科毕业论文为例，对其质量进行统计分析。

第4章，统计学类本科毕业论文质量影响因素的调查分析。以对内蒙古财经大学统计与数学学院的指导教师、学校管理人员的访谈，结合对本科专业为统计学类学生的调查数据，探索统计学类本科毕业论文质量的主要影响因素，毕业论文质量方面存在的问题和原因。

第5章，本科毕业论文质量控制典型案例。分析内蒙古财经大学对于本科毕业论文质量控制方面的具体措施，把握控制毕业论文质量的关键环节，形成具有推广价值的经验性总结。

第6章，统计学类专业本科毕业论文质量管理体系建设的对策建议。针对统计学类专业的本科毕业论文存在的问题，结合前文的研究结论，从学生、指导教师以及高校的角度，从完善毕业论文管理机制、健全毕业论文监督体系等多方面入手，提出多项提高高校统计学类专业本科毕业论文质量的建议，为今后该领域的研究提供一定的参考。

1.5 研究方法与数据来源

1.5.1 研究方法及技术路线

1.5.1.1 文献分析法

文献分析法，是对课题相关文献进行系统梳理，整理与本研究有关的信息和资料的研究方法，总结专家学者和相关领域的最新研究成果，是广泛收集资料常用的方法。本研究通过查询中外文电子数据库、国家统计局、国内外有关报刊以及高等院校发表的学术论文和调查报告等，获取国内外专家学者对本科毕业论文质量管理体系和机制的相关资料和学校的管理规章制度等各种资料，对资料进行梳理从而形成研究思路，为本研究奠定坚实的理论基础。此外，收集样本学校2021—2024届本科毕业论文相关材料，对论文选题、统计方法的应用、参考文献、指导教师以及成绩分布等内容做出全面分析，从而掌握与本科毕业论文质量有关的因素，包括统计学类专业在校人数、师资队伍、教师教学任务、教学经费投入、图书资料等多方面。

1.5.1.2 调查问卷法

通过对统计学类专业本科毕业生、毕业论文指导教师、毕业论文相关管理人员发放问卷，研究并且梳理与本研究有关的深层次信息。调查问卷法包括设计问卷、发放问卷、收集整理问卷资料等流程，具有成本低、效率高等优点。本研究以内蒙古财经大学统计学类专业的本科毕业生为研究对象，向其发放问卷进行调查，从学生和指导教师两个角度进行调查研究，调查内容包括统计学专业的课程教学环节、毕业论文管理环节等方面，了解统计学类专业毕业论文的相关问题。根据最终调查结果，分析影响毕业论文质量的具体因素，以便针对毕业论文质量管理体系中存在的问题及原因进行分析，提出可行的解决方案和建议。

1.5.1.3 访谈法

通过与访谈对象面对面或者远程交谈，获取对某种现象和特定领域的观点和见解，常用于社会科学和人文科学领域中，对研究可以提供全面深入的了解。访谈法一般分为四步：确定研究问题和目的、联系访谈对象、准备访谈内容、进行访谈以及记录分析访谈结果。问卷调查主要调查对象是内蒙古财经大学的学生群体，从学生的视角无法充分评估和衡量内蒙古财经大学统计学类专业本科毕业论文的现状，深入探究影响毕业论文质量的重要因素以及导致毕业论文中出现问题的具体原因。因此本研究为进一步完善数据来源，在调查问卷的基础之上设计访谈提纲，缩小调查范围，通过对内蒙古财经大学教职员工进行深度访谈，作为对问卷调查结果的补充，进一步对毕业论文质量管理的关键参与者进行确定，访谈对象主要包括教师、学校管理部门。

首先，教师是毕业论文撰写过程的直接参与者，也是毕业论文质量管理体系的重要执行者，起到督促指导学生的作用，对于毕业论文中可能存在的问题，他们更有发言权；其次，学校管理部门直接影响毕业论文质量管理体系的建立和完善，同时也是保障整个管理体系顺利运行的主体，对毕业论文的质量管理体系起到至关重要的作用。另外考虑到与学生的密切关系，本研究决定将辅导员这一关键人群作为访谈的对象，因为辅导员是将学校与学生联系起来的关键角色。通过对该高校统计学类专业本科毕业论文质量管理工作的相关问题进行整理和全面概述，研究问题背后影响毕业论文的深层次因素。为确保问卷收集工作的顺利开展，在经受访对象同意之后，采用书面记录为主、录音记录为辅的方式收集资料，访谈采用半结构化方式，根据前一时期设计的问卷表作为访谈基础。同时访谈以问题为主，引导访谈对象尽可能地做出真实有效的陈述，从而达到本研究的研究目的，主要包括为本研究补充数据采集来源和解决实际生活中的问题。访谈内容主要解决三个重点问题，第一，了解受访者的个人基本信息，职位、年龄等。第二，知晓访问者对统计学类专业本科毕业论文质量现状的看法，并尽量举例说明以支撑自身的观点。第三，了解受访者如何评价内蒙古财经大学统计学类专业的本科毕业论文质量管理体系中存在的问题，进而了解其对解决问题可能持有的建议。采访结束后对受访者的文字记录和音频内容进行收集整理并对比，初步提取归类访谈对象对内蒙古财经大学有关统计学专业的本科毕业论文质量管理的现状以及问题原因的观点，对常见的问题进行细化分类。通过访谈数据分析，将指导教师、学校管理人员的观点与从学生中得到的调查问卷的结果进行对比，表现该研究内容重要性的多层化和多视角化，使研究结果更加全面和公正。

1.5.1.4 统计分析法

对问卷调查收集到的数据进行分析，并使用 SPSS 软件分析样本数据。运用多种分析方法，例如描述性统计方法、单因素方差分析法、独立样本 T 检验等，探究内蒙古财经大学统计学类专业本科毕业论文质量现状，根据分析结果，提出内蒙古财经大学统计学类专业本科毕业论文质量管理体系中存在的问题以及相应的改进对策。

本研究的技术路线图如图 1–2 所示。

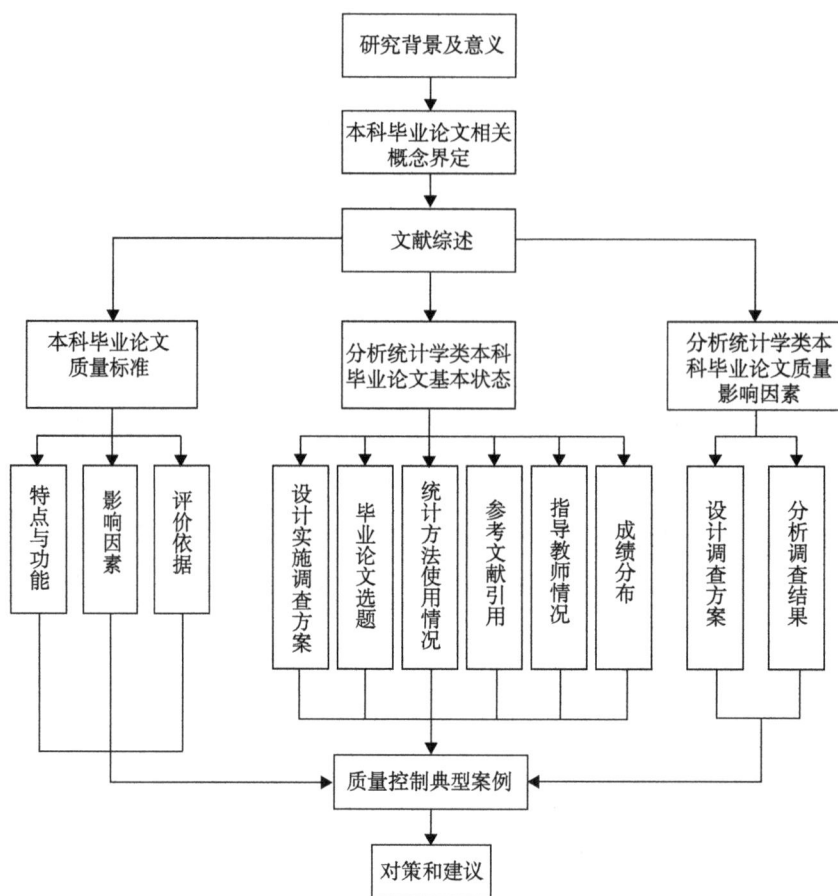

图 1-2　技术路线图

1.5.2　数据来源

为确保研究的准确性和可靠性，本研究做了两次问卷调查，分别针对统计学类本科毕业论文基本状态分析和统计学类本科毕业论文质量影响因素进行调查，前者是通过线上收集的问卷，研究对象是内蒙古财经大学统计与数学学院2024届应用统计学、经济统计学专业本科毕业论文，线上发放的问卷共184份，回收问卷135份，回收率为73.37%。后者从学生和教师视角进行调查，调查对象是内蒙古财经大学统计与数学学院统计学类2024届经济统计学、应用统计学、统计学等本科毕业生和专任教师。主要通过线上调查方式，共发放学生问卷280份，收回问卷255份，回收率91%，其中有效问卷243份，有效率95%；共发放教师问卷50份，收回问卷46份，回收率92%，其中有效问卷44份，有效率96%。

2 本科毕业论文质量标准

2.1　本科毕业论文的特点与功能

教育部制定并印发《本科生毕业论文（设计）抽检办法（试行）》，并决定从2021年1月起开始实施，这一举措凸显了教育部门对本科生毕业论文质量的重视[32]。文件所规定的每年至少2%的抽检比例，以及针对存在问题较多的高校或专业的严厉措施，都显示了提升本科毕业论文质量的决心。

这一政策的出台，反映了当前社会对高等教育质量的普遍关注。随着社会的快速发展和竞争的加剧，高等教育的质量直接关系到人才的培养和国家的发展。毕业论文作为本科生培养的重要环节，其质量不仅反映了学生的学术能力和专业水平，也体现了高校的教育教学水平和质量。对于连续几年存在问题的高校或者专业，教育部将采取减少招生计划、暂停招生甚至撤销学士学位授权点的措施，这无疑是一种强有力的警示和督促。根据抽检结果可以更加客观地评估高校的教育教学质量，为教育资源的分配提供更加科学的依据。这些措施的实施，将有助于推动高校更加重视本科生毕业论文的质量，加强教育教学管理，提高教育教学水平，优化教育资源配置，提高教育资源的利用效率；也将有助于提升高等教育的整体质量，培养更多高素质的人才，为国家的发展做出更大的贡献。

2.1.1　本科毕业论文的特点

本科毕业论文作为本科生学术探索的结晶，具备多重鲜明特性。首先，本科毕业论文凸显了理论深度。学生在撰写过程中，需充分调用专业知识库，对特定领域或课题进行深度剖析，从而展现出扎实的理论素养。这不仅是对已有理论的复述，更是对理论框架的拓展与创新，为学科领域注入新的思考维度。其次，本科毕业论文闪耀着创新之光。学生在选题、构思及撰写过程中，需充分发挥个人的创新思维，提出独到的见解和解决方案。这种创新不仅体现在研究内容的新颖性上，更在于方法论的独特性和实践应用的创新性，展现了学生独立思考和解决问题的能力。此外，本科毕业论文在导师的悉心指导下完成，体现了其指导性的特点。导师不仅提供学术上的专业指导，还帮助学生解决研究过程中遇到的难题，确保论文的学术质量和研究价值。再次，本科毕业论文还是一次宝贵的学术实践机会，具有显著的习作性。通过撰写论文，学生不仅能够锻炼自己的学术表达能力，还能够提升逻辑思维和批判性思维等综合素质。这一过程对于学生个人成长和学术发展具有不可替代的作用。最后，本科毕业论文在撰写过程中需严格遵守学术规范和格式要求，体现了其规范性。这种规范性不仅保证了论文的清晰度和可读性，也维护了学术界的秩序和尊严。学生在撰写过程中需认真遵循这些规范，以确保论文的质量和学术价值。

本科毕业论文在理论性、创新性、指导性、习作性和规范性等方面均展现出独特魅力。它不仅是学生学术生涯的重要里程碑，也是其综合素质和能力的全面展现[33]。

2.1.2 本科毕业论文的功能

毕业论文旨在通过实验探索或工程技术设计的实践，深化学生的调查研究、文献收集、实验设计与操作以及技术创新等综合素质的培养[23]48。这一过程不仅锻炼了学生快速获取并分析有效信息的能力，还提升了他们处理数据的能力，从而使学生能够更好地应对实际问题，提高综合创新能力。

大学毕业论文的撰写承载着学术研究的多重使命，它是对事实的忠实记录，详尽地描述了研究的素材，深入剖析了研究对象的活动模式、基本构成元素以及层次结构，从而提供了全面而细致的研究背景。毕业论文致力于解释现象，针对事物存在与变化中产生的各种问题，提出合理的回应与解释，通过深入的分析，帮助理解事物的本质和规律。论文还具备预测趋势的功能，它通过科学的假设，结合实践与理论，逐步将研究内容概念化、范畴化，并验证假设的正确性，从而分析并预测事物的发展趋势[34]。毕业论文致力于行为的改进与政策的调适。它通过对现有规章制度的创新与完善，推动相关行为的改进，为政策制定与实践操作提供有力的理论支持。大学毕业论文的撰写不仅是对学术研究的深化与拓展，更是对现实问题的回应与解决，具有重要的理论与实践价值。

毕业论文的撰写，是本科教育过程中一个至关重要且意义非凡的环节。它不仅标志着学生学术探索的顶点，更是对他们专业知识、技能及综合能力的全面考量与提升[35]。在毕业论文的打磨中，学生得以系统回顾并巩固所学，将理论知识与实际操作紧密结合，以此检验自己对于专业基础理论的掌握程度以及科研技能的应用水平。

毕业论文的撰写，是一场深度学习与实践的交融之旅。在这一过程中，学生需要将所学的专业知识进行综合应用，这既是对过往学习成果的检验，也是对未来学术探索的预热与准备。通过广泛地查阅文献资料，学生得以窥见研究领域的前沿动态，洞察已有研究成果的空白与不足，从而为自己的研究找到独特的切入点和探索方向。精心设计并严格执行的实验是毕业论文不可或缺的环节。学生需根据研究目标，制定科学合理的实验方案，并在实践中认真严谨地操作，确保实验结果的精准与可靠。这一过程不仅锻炼了学生的实践能力，更培养了他们对实验数据的敏锐洞察和精准分析能力。数据分析则是毕业论文写作中的另一重要篇章。学生需运用统计方法或专业软件对实验数据进行深入剖析，从中挖掘出有价值的信息，为论文的论点提供坚实有力的支撑。这一过程既考验了学生的数学逻辑思维，又锻炼了他们的数据解读和问题解决能力[36]。

毕业论文的撰写，更是一个逐步构建和深化对研究领域认识的过程。学生在这一过程中，会逐渐形成自己独特的学术见解和研究思路，为未来的学术探索筑牢基石。同时，这一过程也培养了学生严谨的科学态度和扎实的学术素养，使他们在学术道路上能够稳步前行，不断追求卓越。对于毕业生而言，毕业论文的撰写既是一场学术挑战，也是一次提升专业技能与综合素质的宝贵机会。通过这一环节的锻炼，毕业生能够更全面地提升自己，为未来的学术研究和职业发展奠定坚实的基础。

2.2　本科毕业论文质量的影响因素

近年来，学生毕业论文的质量问题逐渐凸显，普遍存在着缺乏创新思维、结构混乱、内容粗糙以及抄袭现象严重等问题。针对这些突出问题，教育部于2018年9月发布了《关于狠抓新时代全国高等学校本科教育工作会议精神落实的通知》，强调要严把本科生的毕业质量关，并专题研究部署了毕业论文等问题的整改措施，明确了整改的时间节点，并严格实行论文查重和抽检制度，建立健全盲审制度，对抄袭、伪造、篡改、代写、买卖毕业论文等违纪行为将严肃处理[37]。紧接着，2019年9月，教育部发布《关于深化本科教育教学改革全面提高人才培养质量的意见》，文件中明确指出高校应加强对学生科研活动的指导，强化科研育人的功能，通过高水平的科学研究来提升学生的创新能力和实践能力。这些政策文件的出台，充分显示了国家层面对本科生毕业论文质量的高度重视和严格把控[38]。

本书收集了国内26所高校的本科毕业论文实施管理办法与撰写规范，整理如表

2–1至表2–7所示。

表2–1　12所高校本科毕业论文时间安排

同济大学	工科类专业不少于238学时（14周）；经济、管理、文理科类专业不少于204学时（12周）。毕业论文开题时间四年制可提前至第七学期进行，五年制可提前至第九学期进行[39]。
四川大学	选题工作在第5周之前完成。在第11周前完成毕业论文查重，第11至12周完成答辩，第13周完成学院内毕业论文自检，第14周完成成绩评定和登录工作。各学院在保证毕业论文的有效撰写时间为16周的前提下，可对各个环节做出具体安排[40]。
上海交通大学	毕业论文工作需至少持续12周，允许符合条件的专业提前启动。鼓励论文工作贯穿全年，秋季学期开始筹备并确定研究主题，春季学期第7至8周进行中期审查，以确保研究进度。春季学期第16周完成论文答辩，确保学术质量[41]。
东南大学	毕业论文的撰写时间包括答辩和评分在内不少于12周[42]。
厦门大学	毕业论文一般安排在本科阶段最后一个学期进行，工作时间一般不少于10周。鼓励学院（系）提前开始毕业论文工作，并延长工作时间[43]。
西南交通大学	第七学期末（五年制第九学期末）完成选题、拟定毕业论文进度计划、文献阅读、资料收集等工作，集中用于毕业论文的时间不得少于17周[44]。
江南大学	第七学期末，学院应对学生进行毕业论文写作工作的动员，公布写作工作计划与备选课题，学期结束前完成学生选题和任务书下达工作。第八学期开学第3周，组织学生进行毕业论文开题，完成开题报告的撰写与审核。第八学期中段，完成毕业论文的中期检查工作。第八学期第15周，学生须完成毕业论文撰写并提交，由指导教师评阅。第八学期第15至17周，开展毕业论文文本查重检测工作，达标者才能进行答辩。第八学期第17至18周，学院组织学生开展毕业论文答辩，综合评价学生毕业论文成绩，并录入成绩管理系统。毕业答辩结束后的3天内，须评选出优秀毕业论文，按要求将有关材料送交教务处[45]。
东华大学	学院应灵活调整，从第七学期起尽早规划毕业论文的准备工作，以减少第八学期因就业等因素对学生的影响。自2002级起，第六学期即公布备选课题和研究方向，引导学生根据个人特长选择专业发展方向。第七学期，鼓励学生将专业选修课与毕业课题相结合，进行深入的研究性学习，以实现学用结合、专长突出的目标。毕业论文的时间规划至少为14周，包括毕业实习时间。论文开始后，第2至3周进行开题检查，第9周左右进行中期检查[46]。
西南科技大学	毕业设计时间不少于12周，有条件的专业可以提前开始毕业设计和毕业论文工作。鼓励毕业设计工作覆盖一个学年[47]。
南京审计大学	毕业论文的完成时间需严格把控，确保在第八学期的第9周前定稿。学生在第七学期第8周内应选定论文题目，并在第10周左右接收毕业论文任务书，随后在指导教师指导下制定详细的工作计划。第七学期的第12至15周期间，学生需完成开题报告或实施方案，并交由指导教师审阅。至第八学期第9周前，学生应提交毕业论文定稿、任务书及开题报告等，经指导教师审核满足答辩要求后，学生应做好答辩前的准备，准时参加毕业论文答辩[48]。
杭州电子科技大学	毕业论文主要在第八学期进行，总时长不少于16周，涵盖答辩与成绩评定。第七学期第12周启动论文工作，第16周前完成选题。指导教师于学期结束前下达任务书，第八学期前4周内完成开题答辩，确保论文工作有序进行[49]。

续　表

广西民族大学	第七学期的10月底前教师完成毕业论文课题选择并下达任务书、学生完成选题。 第七学期的12月，学生完成毕业论文开题。 第八学期的3月，学生完成毕业论文定稿。 第八学期的4月，各学院组织答辩。 第八学期的5月，各学院推选优秀毕业论文，教务处组织专家进行复核。 第四学年结束前，须完成毕业论文的归档工作[50]。

表2-2　24所高校对本科毕业论文的选题要求

同济大学	毕业论文课题选择应契合专业培养目标，体现实践与创新的结合，遵循因材施教原则，反映现代科技水平，鼓励学科交叉，并根据学科类型各有侧重。确保一人一题，在导师指导下进行选题，培养学生严谨的科学态度与独立创新能力[39]2-4。
上海交通大学	课题选择需满足专业教学要求，紧密结合科研、开发、经济建设和社会发展，注重学生实践能力与创新能力的培养。选题应适中，符合教学大纲，贴近社会实际并具学术性。避免综述类及涉密课题。可独立或团队合作完成，需明确分工。学生可选导师课题或自主选题，但需经审核并配备导师。鼓励跨专业和学科结合，探索多模式毕业设计，如课程项目式、产学联合、海外联合等，以丰富学生经验[41]。
东南大学	理工科类选题以软件开发、科学或工程技术研究和工程设计三大类为主，文科及经管类选题以基础理论、应用理论研究两大类为主[42]3-4。
大连理工大学	毕业论文要求一人一题，明确各自任务以确保全面训练。选题需符合专业目标，结合实践任务，至少85%具备社会实践或工程背景，题目应有深度与宽度，工作量适中，避免重复并鼓励创新。同时，贯彻因材施教原则，提升学生能力，鼓励学生与用人单位联系，直接承担实际工程和研究课题，以实现教学与科研、生产的有机结合[51]。
厦门大学	毕业论文题目由指导教师命题与学生自选结合，经学院（系）审核。选题应满足专业培养目标，紧密结合学科内容，反映科技创新需求，鼓励跨单位合作和学科交叉。题目难度适中，鼓励一人一题，或多人合作但需明确各自的任务[43]4-5。
西南交通大学	毕业论文选题对论文质量及学生创新能力至关重要。工科选题侧重于工程设计、科研和软件开发；理学、文科及经管类则聚焦于基础与应用理论研究。各学院应根据专业特性和培养目标，灵活确定选题方向，以优化学生的学术成果与创新实践[44]。
江南大学	毕业论文选题应符合专业培养目标，以综合训练为目的，工科类增加毕业设计比例。原则上应一人一题，工作量适中，有阶段性成果。选题由教师提出，经审定后供学生选择。选题确定后原则上不得更改，特殊情况需经学院批准。校外进行的论文需经审核，聘请中级以上职称人员联合指导，校内教师为主要指导人[45]4-5。
河海大学	毕业设计（论文）选题需要体现专业特色，涵盖工程设计、科学研究与理论探讨。选题需经专业审核，确保符合毕业要求。鼓励结合生产、科研，体现对复杂工程问题的分析与解决能力，同时考虑经济社会、环保、法规等因素[52]。
东华大学	选题指导小组在选毕业论文课题时，应紧密结合科研、经济、社会发展，坚持一人一题。大型课题可由学生分组完成，但需明确分工，各自独立研究，确保每位学生都能得到全面锻炼[46]。
北京林业大学	学院应该强化论文选题，鼓励结合历史文化、经济、生态和国家重大事件进行选题。坚持一人一题，合作课题需明确个人分工。选题应因材施教，避免重复，保持更新率[53]。

东北林业大学	毕业论文选题应科学、实践、创新、前瞻、多样，源于实际问题，难度适宜，因材施教，鼓励新技术应用。专业组织选题论证，确保选题与专业相关，并全面训练学生。应用型专业选题需结合科研、生产，师生双向选择确定指导教师[54]。
深圳大学	毕业论文选题应体现专业培养目标和教学要求，难度适宜，因材施教。鼓励提升专业综合能力和解决复杂问题的能力，以及基于科研项目的选题。每年更新部分题目，确保内容新颖。双学位学生需选两题。选题可由教师或学生自拟，需经系审定。校外选题须经系和学校审查备案。院（系）组织选题，确保文科类一人一题，理工科类同题人数有限且研究方向不同[55]。
烟台大学	选题应紧扣专业培养目标，结合实验、生产、技术开发和社会调查。选题需难易适中，体现教学计划要求，避免过大过窄。学院需审定选题并在系统中公布，详细介绍课题内容、要求与时间安排[56]。
西南科技大学	选题需符合专业培养目标和教学大纲，贴近社会实际并具学术性。难度适中，确保学生按时完成。贯彻因材施教，鼓励学生创新。毕业论文应一人一题，合作完成需明确分工，题目有区分[47]。
沈阳工业大学	毕业论文选题应紧密结合专业特点，确保科学性、先进性、综合性和实用性，难易适中。内容需全面训练学生，独立完成工作并形成独立论文。题目四年内不重复，经学院审定后公布，学生与教师双向选择。选题确定后原则上不变动，中断工作将影响成绩[57]。
内蒙古农业大学	学院适时安排选题，符合专业培养目标和教学要求，确保全面综合训练。坚持"一人一题"，团队合作中每人任务明确，内容各异[58]。
南京审计大学	毕业论文选题应该满足本科人才培养目标，体现专业训练内容，强调实践性、适当性、因材施教和时效性。学院定期更新选题，鼓励学生一人一题或合作中独立研究。鼓励教师引入个人课题，促进团队合作，探索创新形式如调查报告、案例分析等，同时选题应具体可行，避免过于宽泛[48]6-7。
华侨大学	毕业论文选题应符合本科培养目标，确保一人一题，反映现代科技水平，难度与工作量适中，鼓励外文资料查阅和实验分析结合。多人合作需明确分工，全过程参与。选题须经院教学委员会审定，不得随意更改[59]。
湖北大学	选题应体现专业培养目标，促进学生知识应用与创新，结合社会实际任务。理工科强调理论与实践，文科经管类注重现实热点。难度适中，更新率过半，确保学生能在规定时间内完成并实现研究目标[60]。
河北地质大学	毕业论文选题应结合实践，体现专业性、实践性、创新性及可行性。题目须符合专业，一人一题，合作研究需明确分工。开题报告需经审阅，教师按管理办法下达任务书，严禁代写[61]。
杭州电子科技大学	选题具体明确，不宜过大，鼓励学科交叉。一人一题，合作需明确分工。选题逐年更新，三年内无重复[49]。
重庆师范大学	选题应符合专业培养目标，结合社会实际，体现实用性和先进性，培养学生创新意识。选题需更新，更新率大于70%，确保一人一题。由专业教研室审议确定选题目录，原则上不允许跨学科选题[62]。
广西民族大学	毕业论文选题应基于专业基础，结合培养目标，鼓励实践性和创新性。学院审核选题，确保符合意识形态要求。公布选题，一人一题，鼓励结合竞赛和创新项目，促进学生独立研究和创新[50]。

续　表

东北财经大学	毕业论文选题应基于专业培养目标，结合产业实际，强调实践与创新。题目应具体、适中，反映学科前沿。非本专业或重复选题将不被接受。每年更新率超90%，鼓励自拟题目。"一人一题"，设计可小组完成但需明确分工[63]。

表2-3　18所高校对本科毕业论文的题目要求

厦门大学	中文题目不宜超过20字，需要时可增加副标题。英文题目应与中文题目内容相同。
大连理工大学	中文题目不超过20个汉字，英文题目与中文题目对应。
上海交通大学	标题宜精简，不超过20字。需加细节，可分主副标题。主标题简明，副标题补充，总长不超36字。
同济大学	标题应简短明确，概括性强。字数适中，过长可分主副标题，均不宜冗长。
中山大学	论文题目应简短明确，概括核心内容，避免不常见缩略词。标题应反映内容、专业及科学范畴。中文题目不超过24字，可加副标题；外文题目不超过12个实词。
东北林业大学	中文题名不宜超过25个汉字，必要时可增加副标题；外文题名不宜超过10个实词。
北京林业大学	力求简短，要在一定程度上体现研究所得结论，原则上在25字以内，可分两行排列，中英文对照。
西南交通大学	主标题应简明扼要，准确反映研究内容，不超过25字。可设副标题，用于包含必要细节，避免冗长。
广西民族大学	题目不宜超过20字，需要时可以使用副标题。
重庆师范大学	不超过25字，要简练准确，可分两行书写。
杭州电子科技大学	不宜超过20个汉字。
河北地质大学	避免使用不常用的缩写词、缩略词、公式和字符，一般在20字以内，需要时可加副标题。
湖北大学	中文题目不超过20个汉字，外文题目不超过10个实词，中外文题意应一致，题目不用英文缩写词，必须采用时，应使用本专业通用的缩写词。
华侨大学	不超过20个汉字，需要时可增加副标题。
南京审计大学	不超过20字，言简意赅。
沈阳工业大学	简短，必须在25字以内。
西南科技大学	不超过25字，避免冗长，可增加副标题。
烟台大学	中文题目应恰当，不超过20字，避免宽泛，需与研究内容相符。英文题目需与中文对应，忌用机器翻译。

表2-4　26所高校对本科毕业论文的摘要要求

厦门大学	摘要字数以400字左右为佳。 关键词应具有明确的语义，并在论文中有明确出处，数量控制在3～5个为宜。 英文摘要及关键词的内容应与中文保持一致。

大连理工大学	摘要篇幅以一页为限，字数为400～500字。外文摘要要求用英文书写，内容应与中文摘要对应，且用第三人称和现在时态书写。 关键词宜为3～5个且整体字数限制在一行；外文关键词与中文关键词一致，同为3～5个。
东南大学	一般为400字左右，英文摘要与中文摘要相对应且为250个实词左右；采用第三人称和一般现在时描述。 关键词一般为3～5个。
上海交通大学	中英文摘要以300～500字为宜且不超过800字。 关键词一般列3～5个，按词条的外延层次从大到小排列。
四川大学	摘要不分段，以400字左右为宜。 关键词一般由3～8个词或词组组成，直接从论文题目或论文正文中选取。
同济大学	中文摘要在250字左右，外文摘要在200个实词左右。 关键词应在3～5个为宜。
中山大学	语言要准确、精练，以300～500字为宜，英文摘要内容与中文摘要相同，以250～400个实词为宜。 中英文关键词在3～5个为宜。
东北林业大学	中文摘要在200～500字范围，外文摘要在200～500个实词范围。 关键词3～5个，按范围由大到小排列。
北京林业大学	中文摘要字数一般为300～600字，英文摘要内容与中文摘要对应。 关键词的数量一般为3～5个，英文关键词内容与中文关键词相同。
河海大学	中文摘要不多于500字。
江南大学	中文摘要400字左右，外文摘要内容与中文摘要相同。 关键词以3～5个为妥。
西南交通大学	摘要中不要使用图表、公式，不标注引用文献编号，中英文摘要字数在300～500字范围，英文摘要内容与中文摘要一致。 关键词一般列3～5个，按词条的外延层次从大到小排列。
东华大学	中文摘要300～500字，英文摘要250～400个实词，英文摘要内容与中文摘要对应。 关键词一般列4～6个。
东北财经大学	摘要字数在300～500字之间，英文摘要和英文关键词由中文摘要和中文关键词翻译得到。 关键词是从论文中提取的、能表现论文核心的、具有实质性意义的词语，数量为3～7个。
广西民族大学	摘要内容不宜引用参考文献，不宜有第一人称的语句，字数在200～300字为宜，中文题目、摘要、关键词要翻译成英文。 关键词为3～5个。
重庆师范大学	中文摘要字数要在300字以内，英文摘要实词数要在300个以内。 中英文关键词都要在3～5个词语为宜。
杭州电子科技大学	中文摘要不超过400个汉字，英文摘要内容要与中文摘要一致。 关键词是描述论文核心内容信息的词语，其数量一般为3～6个，英文关键词与中文关键词相对应。
河北地质大学	中文摘要为300字左右，摘要中不要用图表、公式，不标注引用文献编号，英文摘要内容要与中文摘要相对应，且不少于300个英文实词。 关键词一般列3～5个，按词条的外延层次从大到小排列，且应在摘要中出现。

湖北大学	中文摘要为300字左右，英文摘要内容与中文摘要一致。 关键词一般列3~8个，按词条的外延层次从大到小排列且中英文关键词要一一对应。
华侨大学	摘要以400字左右为佳，应有中英两种文字且英文摘要、关键词内容要与中文相同。 关键词以3~5个为佳。
南京审计大学	摘要书写要合乎逻辑关系，表达准确、结构严谨，不分段落，不用符号、图表和专用术语，中文摘要一般为400~500字，英文摘要应语句通顺。 关键词可选取3~5个词，英文关键词与中文对应。
内蒙古农业大学	中文摘要300字左右，外文摘要不超过250个实词。 关键词3~5个且一词在6个字之内。
沈阳工业大学	摘要500~800字，篇幅限一页，中文摘要后为外文摘要，外文摘要内容应与中文摘要一致。 关键词在3~5个范围。
西南科技大学	摘要语言精练、准确，以300~500字为佳，英文摘要应语句通顺正确、表述清晰。 关键词一般为3~5个。
烟台大学	摘要用第三人称记述，中文摘要字数为150~300字，英文摘要内容应与中文摘要基本一致。 关键词一般列出3~5个，英文关键词要与中文关键词相对应但不能使用翻译软件。
深圳大学	中文摘要不少于200字，英文摘要由中文摘要翻译而成。 关键词数量一般为3~4个且每词字数在6个字之内。

表2-5 17所高校对本科毕业论文参考文献的要求

厦门大学	中英文参考文献在10篇以上，应包括近三年的期刊论文。
大连理工大学	参考文献数量不少于10篇，其中期刊不少于5篇，且包含一定数量的外文期刊。
东南大学	列出作者直接阅读过或在正文中引用过的文献资料，撰写论文时，需要注意引用权威和最新的文献。
上海交通大学	做毕业论文的参考文献不要过多，但要列出主要的中外文献。
同济大学	参考文献要求10篇以上，其中外文文献2篇以上，若有指导教师认定为特殊类型的论文，则可以不列外文参考文献。
中山大学	列入的文献要在10篇以上，其中外文文献应在2篇以上。
东北林业大学	参考文献中近五年的文献数应不少于总数的1/3，并要有近两年的参考文献。 教材、各类标准、产品说明书、各种报纸上刊登的文章以及未公开发表的研究报告等不宜作为参考文献。
西南交通大学	参考文献的标注要按照标准撰写且所依据的标准要统一，参考文献要列入主要中外文献，不宜过多。
广西民族大学	参考文献主要责任者不超过3个时，要全部标注，超过3个时，要在第3个责任者后加"等"。
重庆师范大学	参考文献总数不少于8篇，鼓励作者结合学科特点查阅外文参考文献。
杭州电子科技大学	所列出的参考文献不少于10篇，其中外文文献不少于2篇，发表在期刊上的学术论文不少于4篇，参考文献要按文中引用出现的顺序来编序。

河北地质大学	参考文献不低于15篇，其中外文文献不低于2篇，要有一定比重的学术期刊论文且主要是核心期刊；除经典著作外，参考文献要以近三年本领域成果为主；网络文献必须出自官方或专业学术网站。
湖北大学	参考文献的排列应按照引用的先后顺序进行，文献作者人数在3人及3人以下的要全部列出，超过3人时，一般只列出3名作者，后面加"等"字以示省略。
沈阳工业大学	只列作者直接阅读过、在正文中被引用过的文献资料，每篇论文要查阅不低于15篇的参考资料，外文资料不少于1/4。
西南科技大学	主要参考文献不少于15篇，毕业设计主要参考文献不少于10篇。
烟台大学	参考文献数量以20~40篇为佳。
深圳大学	参考文献不低于10篇，其中外文文献不低于2篇。

表2-6　20所高校对本科毕业论文字数的要求

厦门大学	正文不少于6000字，其中不含图表、程序和计算数字，用外国语言撰写的论文，字数参照4个英文单词折算1个中文字数进行计数。
大连理工大学	正文中引言的字数在3000字左右。
东南大学	致谢字数不超过1000个汉字。
同济大学	经济与管理类毕业论文正文字数不少于10000字。 人文、法学、艺术、外语类毕业论文的正文部分字数不少于6000字。
中山大学	正文不少于5000字，致谢的内容篇幅不少于一页，附录的篇幅不要超过正文。
东北林业大学	论文字数不超过1万字，正文章节标题字数不超过15字。
河海大学	理工科类论文在1.5万字左右；经管及人文社科类论文1万字左右，其中外语类5000字左右。
西南交通大学	正文结论字数一般在2000字以内。
东北财经大学	正文字数要在7000~10000字。
广西民族大学	正文部分中文字数不少于8000字，外文词数不少于3000词。
重庆师范大学	文科专业正文字数要求5000~8000字；理工科专业正文字数要求4000~6000字；外语类专业必须用要求的外语书写，要求3000~5000词。
杭州电子科技大学	对英语专业要求正文不少于6000个单词，其他专业的毕业论文正文不低于15000个汉字。
河北地质大学	经济、管理、文学、法学类学生毕业论文字数不少于8000字，绪论部分字数不多于全论文字数的1/4。
湖北大学	正文字数：理工科类不少于7000字，文科类不少于8000字，外语类不少于5000个单词。 优秀论文要符合省评优规定，理工科类不少于10000字，文科类不少于12000字，外语类不少于6000个单词。 章节标题字数一般在15字以内。

华侨大学	文科类专业毕业论文字数不低于10000字；理工科类专业毕业论文字数不低于6000字；外语类专业毕业论文要用所学的第一外语撰写，篇幅不低于5000个外文单词；体育、艺术类、汉语言、华文教育等其他专业毕业论文字数不低于4000字。 文献综述部分的字数在1000~3000字。 绪论字数不超过1000字。
内蒙古农业 大学	外语类专业不低于5000词，其他专业不低于8000字。
沈阳工业大学	致谢字数在200字左右。
西南科技大学	一般毕业论文不少于15000字，可根据学科特点，适当减少字数，但不少于10000字。 章节标题字数在15字以内。 附录的篇幅不宜太多，一般不超过正文。
烟台大学	理工科类专业毕业论文字数不少于7000字，文科类专业毕业论文字数不少于6000字，体育、艺术类专业毕业论文字数不少于5000字。
深圳大学	本科毕业论文字数须在12000字以上。

表2-7　20所高校对本科毕业论文指导教师的要求

同济大学	指导教师需具备讲师或中级技术职称以上的专业背景与丰富经验，以确保其能够胜任指导职责。 对于在校外进行毕业论文研究的学生，可以聘请外部单位中拥有与讲师相当或更高技术职称的专业人士，与校内教师共同担任指导工作，确保学生在校外也能得到充分的学术指导。 指导教师是毕业论文质量的首要责任人，为维持毕业论文的高水准，每位指导教师所指导的学生数量应控制在6人以内。 指导教师不仅要对学生的学术业务提出严格要求，还需关心学生的思想动态和生活状况，为学生提供全方位的指导与关怀。 在指导过程中，教师应着重培养学生的独立工作能力和创新思维，在关键节点上严格把关，同时鼓励学生发挥主观能动性和创造性，以实现自我提升和学术成长[39]5-6。
上海交通大学	资格要求中级及以上技术职称、有责任心的教师或校外人员（需配备校内导师）。 指导人数原则上每位教师指导≤3名学生，特殊情况≤5名。 指导频率每两周至少一次直接见面，每月一次阶段性检验。 指导教师要在关键处指导把关，细节放手，培养学生独立工作能力。 教师职责在于业务指导与思想教育并重，教书育人[41]。
东南大学	为确保毕业论文的质量得到保障，每位指导教师负责指导的学生人数严格限制在6人以内。 在指导过程中，每位学生的指导时间每周至少需要达到5小时，以保证充分的学术交流和指导。 若指导教师因工作需要必须出差，应通过邮件、电话等方式保持对学生的远程指导，保障指导的连贯性和效果。同时，教师可预先布置任务或委托其他合适教师代为临时指导，确保学生毕业论文工作不受影响。教师将全力以赴，保障学生论文工作的顺利进行[42]5-8。

大连理工大学	为保证毕业论文质量，指导教师负责学生数不超过8人，有额外教学任务者应减少指导人数。若指导5~8名学生，应配备助教或研究生协助，确保每位学生得到充分指导，提升论文质量[51]3-5。
厦门大学	为确保毕业论文的高质量，每位指导教师通常指导不超过5篇论文，并须具备中级及以上职称。助教可协助指导。学院（系）积极倡导聘请校外具有相应职称的专家作为指导教师，实行双导师制，即校内教师与校外专家共同指导，以丰富学生学术视野，提升论文质量，确保每位学生都能得到全面、专业的指导。 指导教师需具备在所指导论文方向上的教学、研究或实务经验，以确保学生获得全面有效的指导[43]3-4。
西南交通大学	指导教师在毕业论文指导中扮演着至关重要的角色。他们应具备讲师及以上职称，拥有相关专业的教学和科研经验，并对选题内容有深入的了解。 指导教师应严格遵守回避制度，确保指导工作的公正性。助教和研究生虽然不能直接承担指导工作，但可以协助指导教师完成相关工作。 为了保证毕业论文的质量，每位指导教师每年指导的学生数量通常不超过10名，以确保每位学生都能得到充分的指导和关注[44]。
江南大学	毕业论文指导教师需具备讲师及以上职称，或相当专业技术职务。理工科教师指导论文上限为5篇，文科教师为8篇。 鼓励跨专业联合指导，强化教学质量。指导教师应每年更新毕业论文选题，审慎确定课题名称，一旦确定则不得随意更改，以确保学术研究的严谨性和时效性[45]5-6。
河海大学	讲师及以上职称的教学、科研和工程技术人员均可提出毕业论文课题。这些课题应着重于学生基本能力的训练，同时激发学生的创造性和积极性，鼓励学生自主选题。鼓励学生选择跨学科的交叉复合型课题，特别是与创新创业训练项目相结合的课题，以更好地发挥个人特长并提升综合能力。指导教师会根据行业需求和人才培养需要，不断更新课题和任务书，并在第七学期末下达给学生。鼓励学生利用假期或实习机会进行调研，收集资料，以制定更科学的毕业论文技术方案[52]2-3。
东华大学	指导教师需具中级及以上职称，最多指导8名学生。应配备助教和实验室技术人员组成指导小组，共同协助完成毕业论文的指导工作，以确保毕业论文的质量[46]。
北京林业大学	毕业论文的指导教师团队由校内外的专业人士组成。校内指导教师需具备讲师及以上职称，而校外指导教师需来自教学、科研单位，具备中级及以上职称。对于校外指导的毕业论文，实行双导师制，确保校内指导教师作为第一导师，共同完成指导工作。 每年，每位指导教师指导的学生数量有限定，理、工、农、艺术类不超过8名，文、经、管、法类不超过12名，特别是初次担任指导教师的，原则上不超过2名，以确保指导质量[53]3-4。
东北林业大学	指导教师需具备讲师及以上职称，助教担任时需有副教授或教授共同指导。每名教师指导学生不超过10人，以确保教学质量。 教师应有高度责任心，每周至少指导2次，全面负责学生的毕业论文工作，包括进度检查、质量把控、答疑解惑及审阅论文并给出针对性修改意见，确保学生毕业作品的高品质完成[54]156。

西南科技大学	指导教师应具备中级及以上技术职称，可包括校内外的专家。校外指导教师需配备校内教师协同指导。 每位教师或团队指导学生原则上不超过8名，特殊专业可适当增加但需确保指导时间。指导教师一经确定，不得轻易更换，需全面负责学生的毕业设计工作。 教师应至少每周通过面对面等方式与学生交流，检查进度与质量；每月进行阶段性检查，并给予评价和指导。教师还需要指导学生准备答辩，审核毕业设计，并提出是否具备答辩资格的建议[47]。
沈阳工业大学	毕业论文指导教师资格由所属学院认定，需具备中级以上职称。指导教师应制定明确的毕业论文任务书，并指导学生合理安排进度。 在指导过程中，教师不仅要负责教学，还需关注学生的思想和纪律，定期与学生交流，每周至少两次，指导论文撰写，并及时检查进度。 指导期间，教师外出时间不得超过一个月，短期外出需委托其他教师代为指导，长期外出需提前申请，经学院批准后指派新教师，并向教务处备案[57]。
内蒙古农业大学	指导教师需具备中级及以上职称或相应资历，如高级职称、硕士及以上学位的实验、科研、工程技术人员。每位教师指导学生人数应合理控制，通常不超过8人，以确保每位学生得到充分的指导[58]。
南京审计大学	毕业论文指导教师需具备讲师以上职称或博士学位，业务精湛、科研经验丰富，政治立场坚定、责任心强。为确保指导质量，每位教师指导学生论文数量应适中，原则上不超过8篇，确保每位学生获得充分的学术指导[48]9-10。
华侨大学	毕业论文指导教师原则上需具备中级以上职称，初级职称者需接受副高职称教师的指导。鼓励校内外联合指导模式，以校内教师为主导，外聘指导教师应具备中级及以上职称，并需经过系（教研室）审议和学院批准。关于指导师生比例，理工农医科类建议不高于1：10，文法经管类不高于1：12，但各学院可根据实际情况适当调整，以确保毕业论文指导的精准度和质量[59]。
湖北大学	毕业论文指导教师需对选题有深入研究，具备讲师及以上职称或丰富工程实践经验的工程师及以上职称。助教和研究生不可单独指导，但可协助教师工作。 每位指导教师指导学生人数不超过8人，确保每位学生获得个性化指导。每位学生应有独立选题，以确保毕业论文的质量与深度[60]3-4。
杭州电子科技大学	校内教师应具中级及以上职称。 校外教师需具备本科及以上学历和五年以上专业经验，并配备校内辅助教师。 教师需具备责任心，注重学生培养，具备实际工作经验，对所指导课题有深入研究，并能提供参考资料。 每位教师指导的学生人数不超过8人，确保每位学生得到充分的指导[49]。
重庆师范大学	指导教师需具备高尚师德，热爱国家，坚守社会主义核心价值观，以身作则，治学严谨，尊重学生，乐于奉献。 学术造诣深厚，教学经验丰富的中级及以上职称教师或研究人员优先。初级职称人员可协助资深教师指导。 每位学生应得到细致指导，原则上每位教师指导学生不超过10人[62]。
广西民族大学	导师需具备中级以上职称或博士学位，指导学生论文不超过15篇。鼓励实施校企"双导师"制度，结合学校教育与企业实践，为学生提供更全面、深入的学术与职业指导[50]。

2.3 本科毕业论文质量评价依据

本科毕业论文工作是一项复杂的系统工程，不同专业领域展现着各自独特的学术风貌，使得毕业论文呈现出多元化的特色。为了确保本科毕业论文质量的稳步提升，必须站在系统论的高度，建立具备专业针对性的毕业论文质量评价体系。这一评价体系应当具备科学性和规范性，通过制定严谨的评价标准，对毕业论文的各个环节和组成部分进行细致而全面的评估[64]。唯有如此，才能有效地促进本科毕业论文质量的持续改进与提升。

2.3.1 评价的必要性

为了提升本科毕业论文的整体水准与写作质量，构建一套科学规范的毕业论文质量评价标准显得尤为重要。这一标准不仅应作为核心依据，深入应用于本科毕业论文的质量评价工作中，更是强化毕业论文过程管理与指导规范的关键所在。同时，通过这一评价标准的实施，能够有效检测本科生专业知识的掌握程度及其综合素养，为他们的学术成长和全面发展提供有力保障[35]105-106。通过这样的评价，可以进一步提高高校的教育水平，优化其培养质量，为学生的未来发展奠定坚实基础。

2.3.1.1 提升本科毕业论文的整体水准与写作质量

对于何为高质量的毕业论文，目前尚缺乏国家及地方教育主管部门的统一评判尺度。尽管部分高校已设立了各自的评价依据，但这些标准各有特色、水平不一，导致了对"高质量本科毕业论文"认知的差异性。这种差异性不仅制约了本科毕业论文整体质量的提升，同时也影响了学生毕业论文写作能力的进步。因此，迫切需要依据学科或专业的不同特点，制定一套统一且科学的本科毕业论文评价标准，从而为毕业论文的撰写与评审工作提供明确指导，进一步推动本科毕业论文质量的全面提升。

2.3.1.2 强化本科毕业论文的指导规范与过程管理

当前，本科毕业论文质量参差不齐，其中一个重要原因在于过程管理的松懈。过程管理是指高校根据既定的管理制度，对毕业论文从选题到最终提交的整个流程进行系统性监管。这一举措旨在通过科学、合理、系统和规范的管理，实现论文写作全流程的优化，进而提升论文质量。本科生论文的撰写过程需经历选题、开题、中期考核、预答辩、答辩、论文修改及提交等关键环节，这些阶段均需要严格而有效的监管。在整个过程中，本科生需遵循既定步骤，确保论文质量。同时，论文指导应达到科学化、系统化和规范化的标准，确保指导过程有章可循、条理清晰、质量卓越[65]。指导教师需严格遵循指导原则，杜绝随意性和指导失范现象，以保障学生论文的顺利完成和高质量输出。通过强化过程管理与指导规范，可以更有效地提升本科毕业论文的整体水平，促进学生的学术成长与发展。

2.3.1.3 检验本科毕业生专业领域知识和综合素养

四年的学习时光，是本科生积累理论知识、锤炼专业技能、提升实践动手能力的重要阶段。对于本科生综合素养的测评，传统上，各高校主要依赖于理论考试的方式。然而这种评价方式存在局限性，其效果往往不尽如人意。理论考试往往难以全面展现本科生对专业基本知识的深入掌握程度，更难以精准评估其综合素养的高低。鉴于这种情况，有必要根据本科生的成长规律和学业特点，充分利用毕业论文的选题、构思、写作与答辩等关键环节，来全面而深入地检测他们的专业知识和综合素养。这样做不仅更为全面，而且更具针对性和可行性。通过毕业论文这一综合性的学术活动，可以更准确地评估本科生的知识掌握情况、思维能力、创新能力和实践应用能力，从而为其未来的学术和职业发展提供更有针对性的指导。

2.3.1.4 提升本科毕业生培养质量和教育水平

本科生教育在我国高等教育体系中占据核心地位，是孕育国家未来高级人才的关键摇篮。当前，我国高等院校在本科生培养方面，全面而深入地实施理论教学与实践培养的双轨策略。理论教学主要通过精心设计的课堂教学形式进行，确保学生系统掌握专业知识；而实践培养则涵盖实验实习、科学研究、创新创业及丰富的竞赛活动等多元化形式，旨在培养学生的实际操作能力、创新思维与团队协作精神。这样的培养策略旨在为学生提供全面的学术与职业准备，为他们的未来发展奠定坚实基础。然而，仅仅依靠这两种教学模式，往往难以将一名初出茅庐的学子培养成为一名能够独当一面的青年才俊。事实上，本科生的培养应追求广泛、多维度且全面的教育模式。其中撰写毕业论文不仅是增强学生发现问题、提出问题、分析问题及解决问题能力的重要途径，更是其学术素养和综合能力的重要体现。因此，积极培养本科生撰写高质量毕业论文的能力和技巧，对于提升高校教育水平和人才培养质量具有极其重要的意义。高校应以追求卓越为导向，确保本科生在论文撰写过程中得到充分的指导和支持，培养出更多具备创新思维和实践能力的优秀人才。

2.3.2 评价原则

2.3.2.1 标准性原则

《中华人民共和国学位条例》及其暂行实施办法等法规，为我国高等院校本科毕业生在学术水平及学士学位授予能力方面设定了清晰的标杆。这些规定不仅为构建本科毕业论文评价指标体系提供了坚实的标准和依据，而且确保了评价体系的科学性和权威性[66]。然而，由于这些宏观标准缺乏具体的量化指标，将其直接作为毕业论文评价体系的评价标准存在困难。因此，在构建毕业论文评价体系时，高校应以我国学位条例为基石，同时结合各高校的教学实际和行业需求，对评价标准进行精细化和适应性调整。这样既能确保评价体系符合法规要求，又能准确、全面地反映毕业生的学术水平和综合能力，从而有效提升毕业论文评价的科学性和有效性。

2.3.2.2 可操作性原则

在构建本科毕业论文评价体系时，评价标准的设计需权衡繁简，既要全面覆盖评价要素，确保评价的完整性，又要力求简洁明了，便于高等院校和指导教师轻松操作和应用。同时，评价指标的选择应简洁直观，易于理解和实施，并优先选择那些在论文撰写过程中易于采集的通用指标，以提高评价的效率和准确性，确保评价结果的科学性和客观性。

毕业论文质量评价体系应紧密结合具体的评价工作，针对质量评价中的各项核心内容，制定相应的评价指标，确保各项指标相互独立且互补，共同构成完整、科学、可操作的评价体系。体系中的各项指标应清晰明确，能够实际观测或考评，对于难以直接打分的考察指标，应纳入综合评价体系中予以体现。此外，为确保评价体系的可操作性，应根据本科毕业论文质量评价体系的各项量化指标，赋予合理的权重和标准，避免印象分和主观分占据过大比重，确保评价结果的客观性和准确性。

2.3.2.3 导向性原则

本科毕业论文评价体系应当全面而精准地引导毕业生和教师把握论文写作的核心导向和基本结构，以显著提升本科毕业论文的整体质量与学术层次。经过对学术文献的深入剖析，发现学术界普遍强调对本科毕业论文的评价应聚焦于选题质量、写作水平以及学术规范等核心要素。因此，构建一个完善的毕业论文评价体系，必须全面涵盖这些关键要素，以确保评价的科学性、客观性和有效性。同时，鉴于不同评价指标在重要性上有所区别，在制定评价体系时，应依据各指标的重要性程度来合理分配权重，确保评价体系的科学性与公正性。

2.3.3 评价标准

毕业论文评价标准是一个多维度、全方位的综合体系，旨在深入、细致地评估学生的研究能力、学术素养及表达能力。这一体系不仅全面考量毕业论文的选题深度与广度，更着重于毕业论文的逻辑严密性、观点创新性以及学术规范性[33]12。通过这一评价标准的科学运用，能够更加客观、公正地衡量学生的毕业论文质量，从而有效促进学生学术水平和综合能力的提升。

在评价本科毕业论文的质量时，通常会遵循一系列严格而全面的准则，以确保论文的学术价值和应用价值得到充分的体现。首先，关注毕业论文是否严格按照课题要求，由学生独立完成了所有工作。这不仅是对学生学术诚信的考察，更是对他们独立思考和解决问题能力的检验。只有在独立完成工作的基础上，学生才能更深入地理解课题内容，从而提出有价值的见解和解决方案。其次，毕业论文的设计或研究方案是否具备合理性与可行性，这是评价毕业论文质量的重要标准。一个优秀的方案应该能够体现学生的创新思维和独到见解，同时在实际操作中也是可行的。这样的方案不仅能够为课题的研究提供有力的支撑，还能够为未来的学术研究或实际应用提供有益的参考。再次，还要关注毕业论文中的实验数据是否准确可靠，以及学生是否具备较强的实际操作能力。实验数据的准确性是毕业论文可信度的重要保障，而学生的实际操作能力则能够反映出他们在实践中的能力和水平。在论文的撰写过程中，学生运用专业基本知识和技能的情况也是评价的重点。这包括计算方法和结果的准确性、对专业知识的理解和应用等方面。只有在这些方面表现出色，学生的论文才能被认为具有较高的学术水平。最后，还要关注论文的课题是否与生产实践紧密结合，是否具有一定的理论价值和应用价值。同时还要考察学生的毕业设计成果是否对生产生活、科学研究或其他方面有所贡献，以及是否展现出在整体设计中的组织、管理、实施能力。

2.3.4 评价指标体系

在王明涛和李茜（2020）[67]，吴海波和陈拾菊（2023）[35]108，刘倩等（2015）[68]，陈文婷和师翌华（2019）[66]97学者的毕业论文评价指标体系的基础上，结合现有的丰富学术研究成果以及部分高校对本科毕业论文评价指标的具体实践，形成本研究"本科毕业论文质量评价指标体系"。该指标体系由3个一级指标、8个二级指标以及18个三级指标构成，如表2-8所示。

表2-8　本科毕业论文质量评价指标体系

一级指标	二级指标	三级指标
选题质量	选题方向	选题是否充分考虑选题的理论价值和实践意义，确保研究的针对性和实用性。
		选题是否紧扣专业培养目标，是否能够达到实践能力培养和科学研究的目的。
	选题范围	选题是否合适，是否适合本科生的写作和研究范围。
		选题是否有可操作性，深度是否合适。
撰写质量	论文架构	整体框架结构是否完整。
		逻辑是否严谨，逻辑顺序是否清晰，结论是否明确。
	写作内容	语句是否通顺，是否有错别字。
		是否有创新性，是否有特别的见解。
		能否运用专业领域的知识发现问题、提出问题、分析问题、解决问题，并运用到实际操作当中。
		是否对所研究的内容有更深入的探究和分析。
	写作格式	整体格式是否符合本科毕业论文格式规范。
		文中图表、术语、标注、参考文献等格式是否符合要求。
	技术方法	是否有较强的论证能力，能否运用专业知识中的基本方法解决问题。
		能否熟练运用计算机搜索文献、分析数据、制作表格、撰写论文。
答辩质量	观点表达	答辩前的准备工作是否充分，对自己的论文是否熟悉。
		叙述观点时语言是否通顺流畅，能否简明扼要地表达出论文的主要内容并突出论文观点。
	问题回答	对专业基本知识和基本技能的掌握是否熟练。
		回答问题是否逻辑清晰，语言通顺，且具备一定的分析问题的能力。

2.3.4.1 选题质量指标

论文选题作为论文创作的起始点，对于判断论文的写作意义与价值具有至关重要的作用。选题质量的高低不仅直接反映了学生对相关问题的理解深度和广度，更在很大程度上决定了论文的写作难度及其整体质量。为确保对选题质量的全面评估，设定了"选题方向"和"选题范围"这两个二级指标。

"选题方向"中，前者旨在评价选题是否充分考虑选题的理论价值和实践意义，确保研究的针对性和实用性；而后者则侧重于选题是否紧扣专业培养目标，是否能够达到实践能力培养和科学研究的目的。而"选题范围"这一指标，主要用于衡量选题是否合适，是否适合本科生的写作与研究范围以及选题是否有可操作性，深度是否合适。通过这些指标的综合考量，能够更全面地评价学生的选题质量，确保论文写作能够贴合实际，并有效促进学生的专业发展。

2.3.4.2 撰写质量指标

写作质量是检验学生大学四年学习成果的关键指标，它涵盖了架构安排、内容充实度、研究方法的选择以及格式规范等多个方面。为此在撰写质量指标下构建了"论文架构""写作内容""写作格式""技术方法"4个二级指标。

"论文架构"二级指标下又包括了论文的"整体性"和"逻辑性"两个三级指标。论文的"整体性"主要用于评判论文整体框架结构是否完整；"逻辑性"主要用于评判论文逻辑是否严谨，逻辑顺序是否清晰，结论是否明确。

"写作内容"二级指标内包括了4个三级指标。第一个指标用于判断论文语句是否通顺，是否有错别字；第二个指标用于判断论文是否有创新性，是否有特别的见解；第三个指标用于判断学生在撰写毕业论文时能否运用专业领域的知识发现问题、提出问题、分析问题、解决问题，并运用到实际操作当中；第四个指标用于判断学生是否对所撰写论文的内容有更深入的探究和分析。

"写作格式"这个二级指标主要用于判断学生是否遵循毕业论文写作的基本格式规范，并设置了两个三级指标。第一个指标用于评判毕业论文的整体格式是否符合本科毕业论文格式规范；第二个指标用于评判毕业论文中图表、术语、标注、参考文献等格式是否符合要求。

"技术方法"这个二级指标，旨在全面评价学生在论文写作过程中所选用的研究方法和手段是否合适且有效，同时考查学生在运用计算机等工具辅助论文撰写方面的能力与水平。这一指标的设立旨在全面检测学生在学术研究中的技术运用水平，确保学生能够以高效、准确的方式完成毕业论文的写作任务。因此设置两个三级指标。第一个指标用于评判学生是否有较强的论证能力，能否运用专业知识中的基本方法解决问题；第二个指标用于评判学生能否熟练运用计算机进行搜索文献、分析数据、制作表格、撰写论文等活动。

2.3.4.3 答辩质量指标

答辩质量不仅是衡量学生对自身论文理解深度和专业知识掌握情况的重要标尺，同时也是检验学生语言表达能力和临场应变能力的关键环节。为了全面评价答辩的过程和效果，设置了"观点表达"和"问题回答"这两个二级指标。

在评估本科生在毕业论文答辩的表现时，"观点表达"这一环节能够有效衡量学生答辩前的准备是否充分，是否对自己的论文内容有深入的了解。通过学生的阐述，可以判断其语言表达是否通顺流畅，是否能够简明扼要地表达出论文的主要内容和核心观点。这不仅反映了学生对论文内容的掌握程度，也体现了其逻辑思维和表达能力。

而"问题回答"这一环节则是检验学生对专业基本知识和基本技能掌握程度的试金石。学生在回答问题时展现出的逻辑清晰性、语言通顺性以及分析问题的深度和广度，都是评价其学术素养和综合能力的重要依据。这一环节不仅考察了学生对论文内容的理解，也体现了其随机应变、解决问题的能力。

3 统计学类本科毕业论文基本状态分析

本科毕业论文是本科教育的重要环节，它不仅检验学生对专业知识的掌握和应用能力，也是培养学生独立研究、批判性思维和解决问题能力的关键过程[69-71]。因此，如何加强本科毕业论文的管理，提高本科毕业论文的质量，是当前高等教育教学改革中备受关注的热点问题，也是一个迫切需要解决的难题。

对于统计学类专业的毕业生而言，毕业论文更是展示其数据处理、分析和解释能力的平台。本章将从选题、统计方法使用情况、参考文献的引用、指导教师情况、成绩五个方面进行探讨，通过分析现状，结果显示统计学类专业的学生在选题的恰当性、统计方法的适用性、参考文献的广泛性、指导教师的重要性以及成绩的优秀性方面都有积极的表现，但同时也提示了在研究深度、创新性和学术严谨性上仍有提升空间。

3.1 调查方案设计与实施

3.1.1 研究方法

3.1.1.1 文献资料法

通过在图书馆、中国知网、其他网站查阅与本科毕业论文有关的文献资料，广泛收集与毕业论文质量相关的专著、期刊、论文，对其进行系统整合归类，力求从中得到启发和借鉴。

3.1.1.2 描述统计法

描述统计法是用来整理数据、解释数据特征或检验数据之间相关关系的统计方法。在本研究中对内蒙古财经大学2021—2023届应用统计学、经济统计学专业本科学生毕业论文各项相关数据①及2024届本科生毕业论文成绩进行归纳整理并进行描述统计分析。

_____

① 2021—2023届毕业论文资料存在部分数据的缺失，实际分析中针对不同研究内容所采用的样本量不同。

3.1.1.3 *问卷调查法*

针对内蒙古财经大学统计与数学学院近几年应用统计学、经济统计学专业本科毕业论文的撰写情况，从学生在毕业论文的选题情况、统计方法使用情况、参考文献的引用情况、指导教师情况等方面向2024届学生设计问卷。内蒙古财经大学2024届应用统计学、经济统计学专业共有184名学生，通过对学生发放问卷，回收问卷135份，回收率为73.37%。

3.1.2 研究内容

毕业论文对本科生而言，是大学期间的综合性成果展示，它不仅是对学生专业知识掌握和应用能力的检验，也是学生学术研究能力和解决问题能力的体现。学生通过撰写毕业论文，能够深入研究特定方向，培养研究能力，独立地提出问题、收集数据、分析问题、解决问题并得出结论。此外，完成一篇高质量的毕业论文，还能为学生未来的研究生学习或职业发展打下坚实的基础，增加其在学术领域或专业领域的竞争力。

因此，本章将运用文献资料法、描述统计法和问卷调查法，对内蒙古财经大学统计与数学学院2021—2023届应用统计学、经济统计学专业学生进行研究分析，并对2024届学生设计调查问卷展开调查，从毕业论文选题、统计方法使用情况、参考文献引用、指导教师情况和成绩五个方面进行分析，来反映目前内蒙古财经大学统计类专业本科毕业论文的基本状态。

3.1.3 毕业论文完成基本情况分析

3.1.3.1 *毕业论文完成时间*

毕业论文的完成时间通常是学生进行深入的学术研究的集中时间段，需要与学校的教育规定和毕业要求相符合，也是顺利毕业的必要条件。同时，合适的完成时间可以保证学生有足够的时间进行文献回顾、数据收集、分析和论文撰写，将所学知识应用于实际问题解决的过程，从而提高论文的深度和质量。此外，恰当的完成时间还意味着学生可以避免因时间紧迫而导致的学术不端行为，也意味着有更多的机会与导师进行交流和讨论，从而获得更多的指导和反馈。

根据2024届毕业论文调查问卷结果分析，统计得出毕业论文完成时间分布情况如表3-1和图3-1所示。2024届统计学类本科毕业生中毕业论文完成时间主要集中在三个月内完成，占比47.41%；其次是在两个月内和三个月及以上完成，占比23.7%；最后有5.19%的学生在一个月内完成毕业论文。

表3-1　2024届统计学类专业本科毕业论文完成时间

完成时间	人数/人	比例/%
一个月内	7	5.19
两个月内	32	23.70
三个月内	64	47.41
三个月及以上	32	23.70
合计	135	100

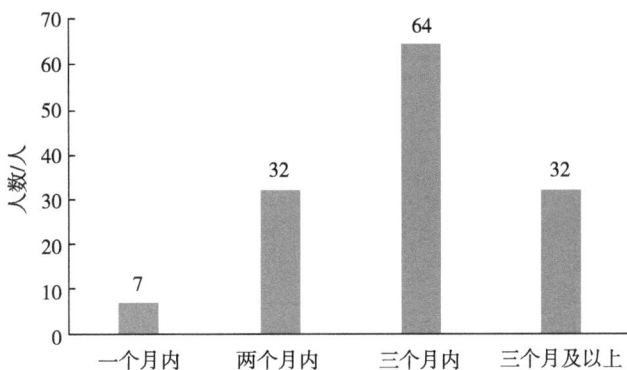

图3-1　2024届统计学类专业本科毕业论文完成时间

　　总体而言，仍存在一部分学生的毕业论文完成时间较短，说明学生对于毕业论文完成时间的重要性认识还存在不足，完成时间较短可能意味着在学生撰写过程中没有充分的时间进行深入研究和完善论文，从而影响毕业论文的整体质量。因此，本科生对于毕业论文完成时间重要性的认识仍有待提高，以确保有充足的时间完成毕业论文，从而提高毕业论文质量。

3.1.3.2　毕业论文查重情况

　　本科毕业论文查重是确保毕业论文诚信的重要手段，查重结果可以反映出学校的教育质量和学生的学习成果。通过查重可以促进形成一个健康和诚实的学术环境，增加学术文献的价值，帮助学生认识到学术规范的重要性，并在未来的研究工作中持续遵守。为严把毕业论文诚信关，杜绝抄袭、剽窃等行为，根据内蒙古财经大学毕业论文相关制度规定重复率高于30%的论文,不准参加答辩。

根据2024届毕业论文调查问卷结果分析,统计得出毕业论文查重情况如表3-2和图3-2所示。毕业论文查重率在11%~15%最多,占比36.3%。其次是毕业论文查重率在16%~20%,占比29.63%。然后是毕业论文查重率在0~10%,占比26.67%。最后有7.41%的学生毕业论文查重率在21%~30%。

表3-2 2024届统计学类专业本科毕业论文查重情况

查重情况	人数/人	比例/%
0~10%	36	26.67
11%~15%	49	36.30
16%~20%	40	29.63
21%~30%	10	7.41
合计	135	100

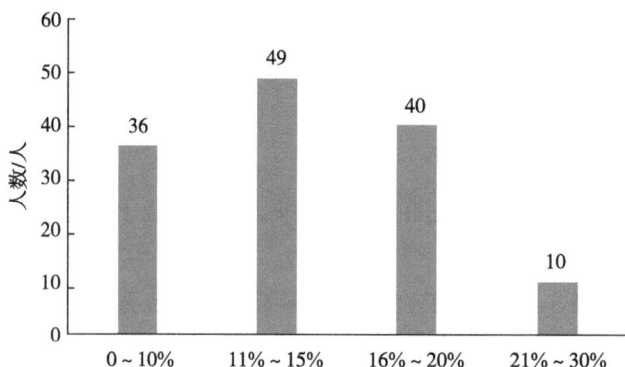

图3-2 2024届统计学类专业本科毕业论文查重情况

总体而言,大部分学生毕业论文的查重率低于20%,说明学生学术态度端正,对抄袭、剽窃等行为的严重性认识较高,认识到学术规范的重要性对其毕业论文的影响。因此,加强学生对毕业论文查重的认识,不仅是对学生学术研究的检验,对学术规范和道德标准的维护,也可以提高毕业论文质量。

3.1.3.3 毕业论文撰写态度

学生对毕业论文的重视程度往往能够反映出他们对待毕业论文的撰写态度,因此,通过调查学生对毕业论文的重视程度,可以了解到学生在完成毕业论文时是否具有认真负责的态度。此外,指导教师也可以更好了解学生的心态和需求,进而提供相应的指导和支持，帮助学生以更加认真和专业的态度完成他们的毕业论文。

根据2024届毕业论文调查问卷结果分析，统计得出毕业论文撰写态度情况如表3-3和图3-3所示。2024届统计学类专业本科毕业生中有77.04%的学生很重视毕业论文，19.26%的学生比较重视毕业论文，而2.22%的学生一般重视毕业论文，甚至还有1.48%的学生不重视毕业论文。

表3-3　2024届统计学类专业本科毕业论文撰写态度

撰写态度	人数/人	比例/%
很重视	104	77.04
比较重视	26	19.26
一般重视	3	2.22
不重视	2	1.48
非常不重视	0	0
合计	135	100

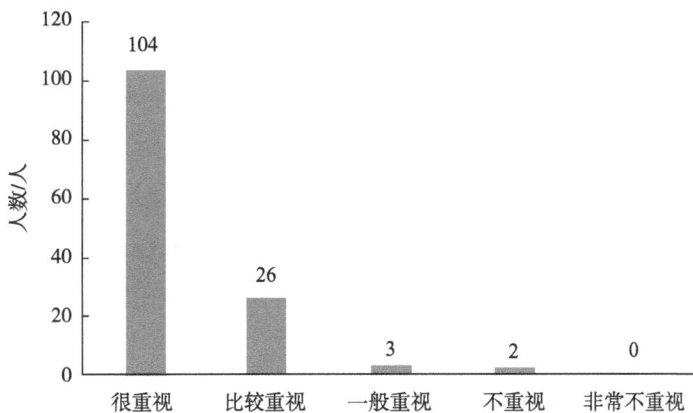

图3-3　2024届统计学类专业本科毕业论文撰写态度

总体而言，目前学生对毕业论文的重视程度较高，认识到重视毕业论文以及具备一个良好的撰写态度是成功完成毕业论文的关键。当然，除学生自身的重视程度外，学生在撰写毕业论文的过程中可能需要更多的指导和支持，以保证毕业论文的质量和顺利进行。

3.2 选题

毕业论文的选题是论文研究的首要步骤，它直接影响到论文研究的方向、内容、方法以及最终成果的价值，对论文的深度和学术价值同样具有深远影响，因此，一个恰当的选题对于确保论文质量和成功完成学业至关重要。

龚旖莲（2016）运用文献计量分析法、文献资料法、问卷调查法和数理统计法等，对湖南师范大学体育学院2011—2015届体育教育专业学生本科毕业论文的选题和质量进行研究分析，并对2015届体育教育专业本科生展开问卷调查，从学生对毕业论文的态度及其影响因素进行分析，反映体育教育专业本科毕业论文的现状及存在的问题并提出相应的对策[72]。魏传华等（2013）以近年来中央民族大学统计学专业的本科毕业论文为例，对毕业论文质量的现状进行了分析，指出了目前存在的主要问题以及产生问题的原因，最后就如何提高毕业论文质量提出了一些对策和措施，对学生综合素质、创新能力的培养和提高具有重要的作用和意义[73]。籍艳丽等（2018）以常熟理工学院为例，对应用型本科院校统计学专业本科毕业论文从"选题方向、研究内容和研究方法"三方面进行剖析，在客观、具体地描述其现状的基础上，归纳总结其存在的问题，并进一步从学生角度出发，探究其成因，以期为提高该校统计学专业毕业论文质量提供努力的方向，也为全国同类高等院校该专业毕业论文工作改进提供一定的参考[74]。

因此，本节通过典型调查对内蒙古财经大学2024届应用统计学和经济统计学专业学生设计调查问卷分析毕业论文选题基本情况，并通过对内蒙古财经大学2021—2023届应用统计学和经济统计学专业学生的选题方向分布情况和选题内容分布情况两方面进行归纳整理和分析，同时总结选题存在的问题，旨在为统计学类本科毕业论文的选题和撰写提供参考，同时为提升本科毕业论文的质量提供实证依据。

3.2.1 毕业论文选题基本情况分析

根据对2024届内蒙古财经大学统计与数学学院统计学类专业本科毕业生设计的调查问卷，对学生选题基本情况进行分析。

3.2.1.1 选题时间分析

在目前的教育体系中，本科毕业论文的撰写通常被安排在大学的最后一学年进行，内蒙古财经大学也不例外，学校会在本科生的大四上学期结束前，发布关于毕业论文撰写流程及相关注意事项的通知，随后将进行毕业论文的选题工作。通过调查学生毕业论文的选题时间，可以了解到学生在毕业论文撰写过程中是否拥有充分的准备时间、撰写时间安排是否合理，以及是否需要对现有流程进行调整。

从表3-4和图3-4可以看出，40%的学生认为毕业论文选题时间很充足，48.15%的学生认为毕业论文选题时间比较充足，8.89%的学生认为毕业论文选题时间一般充足，而2.22%的学生认为毕业论文选题时间不充足，甚至还有0.74%的学生认为毕业论文选题时间非常不充足。

表3-4　2024届统计学类专业本科毕业论文选题时间

选题时间	人数/人	比例/%
很充足	54	40
比较充足	65	48.15
一般充足	12	8.89
不充足	3	2.22
非常不充足	1	0.74
合计	135	100

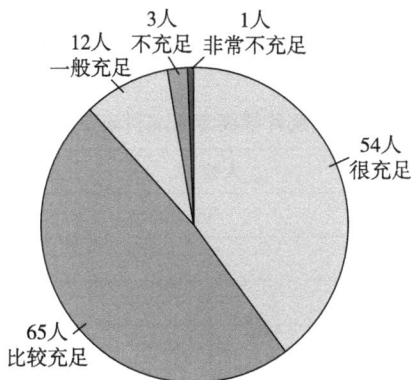

图3-4　2024届统计学类专业本科毕业论文选题时间

总体而言，绝大部分学生认为毕业论文的选题时间很充足或比较充足，但仍有小部分的学生认为毕业论文的选题时间一般充足、不充足或非常不充足。如果毕业论文选题时间不够充足，会导致资料收集与分析工作不充分，那么可能将会对学生撰写论文的主要内容造成不利影响。例如，可能导致学生无法深入分析毕业论文的核心内容，影响论文的深度和严谨性；在论文撰写的后期，学生可能会因前期准备不足而感到困难重重，从而影响研究的连续性和深入性；在某些情况下，学生可能不得不重新进行选题，这不仅会延迟毕业进程，还可能会打击到学生的学习动力和信心。因此，确保毕业论文选题过程中有充足的时间，是保障论文质量和顺利完成的关键因素。

3.2.1.2 选题的来源分析

毕业论文选题的来源是多样化的，不同来源的选题都有其独特的优势和潜在的局限性。一般有导师指定、导师的课题或项目、从导师公布的选题中选取、自拟和其他五种来源。其中，由导师指定题目或者来源于导师的课题或项目，这是一种非常直接、简单的选题方法，可以大大节省选题时间，由导师选题，这种选题的可靠性比较高，也是毕业生较为认可的选题方式，因为导师对选题方面的见解已经足够深刻，可以给出相对专业性的建议和意见，同时可以避免自己选题时出现问题，从而对后续的撰写造成影响。而从导师公布的选题中选取或者自拟，可以选取自己感兴趣的内容，从而可以提高研究的积极性和动力，进行深入探索，但可能与学术热点或市场需求关联性不高，从而影响论文的实际应用价值。

从表3-5和图3-5可以看出，26.67%学生的毕业论文题目由导师指定，5.93%学生的毕业论文题目来源于导师的课题或项目，20.74%学生的毕业论文题目是从导师公布的选题中选取，46.67%学生的毕业论文题目是自拟的。

表3-5 2024届统计学类专业本科毕业论文选题来源

选题来源	人数/人	比例/%
导师指定	36	26.67
导师的课题或项目	8	5.93
从导师公布的选题中选取	28	20.74
自拟	63	46.67
其他	0	0
合计	135	100

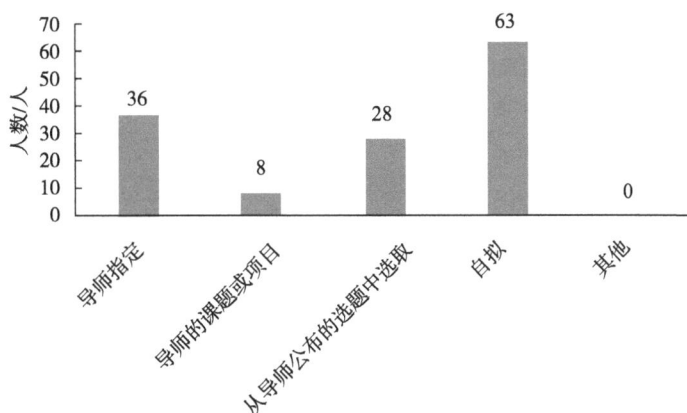

图 3-5　2024 届统计学类专业本科毕业论文选题来源

总体而言，从毕业论文选题来源来看，学生自拟选题占比最大，导师指定选题排名第二，来源于导师的课题或项目占比最小。可见，对于毕业论文选题的来源而言，应该综合考量学生的能力、兴趣、资源以及学术和市场的需求。一个合适的选题不仅能够激发学生的研究热情，还应该具有学术价值和社会意义，以确保毕业论文的顺利完成和高质量的研究成果。

3.2.1.3　自主选题时考虑的因素分析

由于"从导师公布的选题中选取"和"自拟"在一定程度上体现了学生的主观偏好，因此，将上述两种来源归为"自主选题"，进而对自主选题时学生所考虑的因素进行分析。

学生在自主选题时通常会考虑一些因素。比如，题目具有普遍性，资料易收集，论文易撰写；与自己的兴趣和特长有关；题目具有前沿性和创新性；以前在学习过程中做的学年论文题目或挑战杯题目；与毕业实习内容有关；等等。

从表3-6和图3-6可以看出，59.34%的学生自主选题时考虑的是题目具有普遍性、资料易收集、论文易撰写，19.78%的学生自主选题是因为与自己的兴趣和特长有关，13.19%的学生自主选题时考虑的是题目具有前沿性和创新性，而没有学生自主选题是因为与毕业实习内容有关，还有7.69%的学生自主选题选择以前在学习过程中做的学年论文题目或挑战杯题目等。

表3-6　2024届统计学类专业本科毕业论文自主选题考虑因素

自主选题考虑因素	人数/人	比例/%
与自己的兴趣和特长有关	18	19.78
题目具有普遍性，资料易收集，论文易撰写	54	59.34
题目具有前沿性和创新性	12	13.19
与毕业实习内容有关	0	0
以前在学习过程中做的学年论文题目或挑战杯题目等	7	7.69
合计	91	100

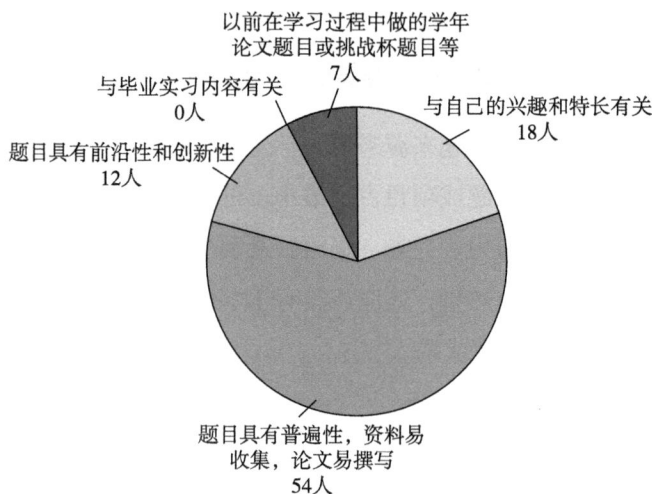

图3-6　2024届统计学类专业本科毕业论文自主选题考虑因素

总体而言，学生在自主选题时，考虑最多的是题目是否具有普遍性，资料是否易收集，论文是否易撰写。但是这意味着研究内容已有很多学者进行过相关的研究，而学生再从中寻求新的立足点展开研究的难度就相对增加，后期撰写过程中为了完成任务，自然做的又是重复的研究。

其次是与自己的兴趣和特长有关，学生在自主选题过程中选择自己感兴趣的研究方向，这在收集资料和撰写过程中有一定的优势，它可以使学生保持思考与写作的动力，促使其主动深入研究。

再次是题目是否具有前沿性和创新性，但在调查中发现，学生虽意识到选题的重要性，在实际选题时却没有过多考虑研究本身的前沿性和创新性。

最后是以前在学习过程中做的学年论文题目或挑战杯题目，但此类选题还需要导师根据研究的创新性、可行性、与课程的相关性以及学生的研究能力来评估题目的适宜性。

可见，大部分学生在选题中避难就易，并没有意识到毕业论文的写作对专业知识的系统总结、对科研能力的提高的重要性，还需要指导教师帮助学生把握选题的可行性，从而确保毕业论文的质量。

3.2.1.4 选题难度分析

选题的难度是影响学生是否能够顺利完成研究并撰写出高质量论文的重要因素之一。其中，选题的难度与学生相关领域知识的掌握程度密切相关，如果学生对选题涉及的理论知识不够熟悉，可能会增加研究难度。同时，有些选题可能需要结合特定的研究方法，这些方法的复杂性会直接影响到研究的难度。此外，将理论与实践相结合的能力也是决定选题难度的一个因素。

从表3-7和图3-7可以看出，9.63%的学生认为自己的论文选题很难，50.37%的学生认为自己的选题比较难，35.56%的学生认为自己的论文选题难度一般，4.44%的学生认为自己的论文选题比较简单，而没有学生认为自己的论文选题很简单。

表3-7 2024届统计学类专业本科毕业论文选题难度

选题难度	人数/人	比例/%
很难	13	9.63
比较难	68	50.37
一般	48	35.56
比较简单	6	4.44
很简单	0	0
合计	135	100

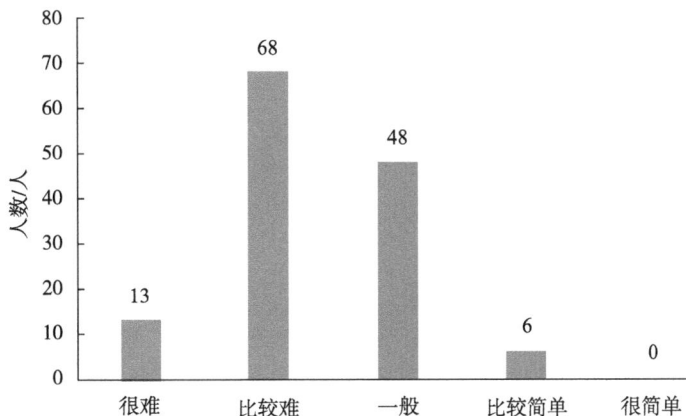

图3-7 2024届统计学类专业本科毕业论文选题难度

总体而言，大部分学生认为自己的选题较难，因此，为确保顺利完成毕业论文，在进行选题时，学生应该综合考虑，选择一个既能够激发自己研究兴趣又在自身能力和资源范围内可以完成的题目。同时，指导教师在这一过程中提供的建议和指导也非常关键，可以帮助学生合理评估选题难度，确保研究顺利进行。

3.2.1.5 *选题时查阅的参考文献分析*

在进行毕业论文选题之前，查阅参考文献是至关重要的步骤。通过查阅文献，学生可以了解当前研究领域的研究体系和研究进程，从而可以发现尚未被充分研究的内容或研究空白，同时可以帮助学生深入理解选题的背景和意义，为研究提供坚实的理论和实践基础。此外，广泛查阅文献可以避免学生在已有研究的基础上重复研究，确保研究的原创性和创新性。

从表3-8和图3-8可以看出，48.89%的学生选题时查阅的参考文献在11～20篇，28.89%的学生选题时查阅的参考文献在21～30篇，14.07%的学生选题时查阅的参考文献在6～10篇，8.15%的学生选题时查阅的参考文献在31篇以上，没有学生选题时查阅的参考文献在5篇以下。

表3-8 2024届统计学类专业本科毕业论文选题时查阅的参考文献

选题时查阅的参考文献	人数/人	比例/%
5篇以下	0	0
6～10篇	19	14.07
11～20篇	66	48.89
21～30篇	39	28.89
31篇以上	11	8.15
合计	135	100

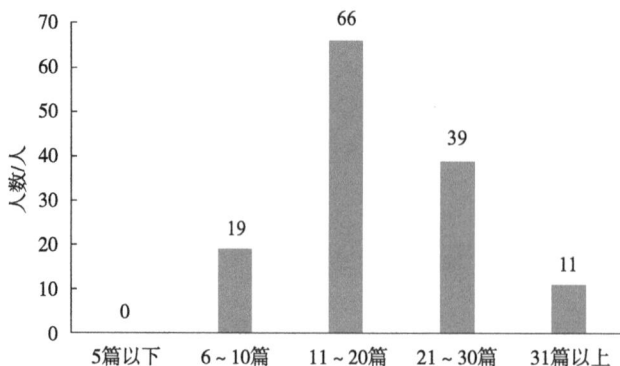

图 3-8 2024届统计学类专业本科毕业论文选题时查阅的参考文献

总体而言，大部分学生在确定选题时会投入时间和精力进行文献查阅，以充分了解选题内容。这不仅有助于确保研究的科学性和严谨性，也是提高研究质量和学术水平的关键步骤。

3.2.2 毕业论文选题方向分布情况分析

3.2.2.1 毕业论文选题类型分析

毕业论文选题按研究类型分为基础研究、应用研究、技术开发和其他研究四大类，基础研究旨在探索基本原理和概念，增加对现象和理论的理解，通常不直接寻求实际应用，研究的问题通常较为抽象。应用研究将基础研究的理论和发现应用于解决具体的实际问题或满足特定需求，研究问题通常与现实问题紧密相关。技术开发旨在创造新的技术、产品或流程，或改进现有的技术以满足市场需求。其他研究包括但不限于跨学科研究、政策分析、历史研究等，不完全符合上述三类研究的特点，可能结合多种研究方法和视角，研究问题多样化，目标可能包括解释、预测或评估。

由表3-9可知，2021—2023届统计学类学生毕业论文的选题类型只有基础研究类和应用研究类，没有技术开发类和其他研究类并且大部分学生毕业论文的选题类型为应用研究类，少部分学生毕业论文的选题类型为理论研究类，说明统计学类专业的学生毕业论文以应用型为主。

表3-9 2021—2023届毕业论文选题类型汇总

单位：篇

选题类型	2021届	2022届	2023届
基础研究	11	21	25
应用研究	130	149	164
技术开发	0	0	0
其他研究	0	0	0

3.2.2.2 毕业论文选题研究对象分析

毕业论文的选题研究对象通常涵盖宏观、中观和微观三个层面，每个层面都有其研究特点和研究重点。对于宏观层面，通常研究关注全球或者全国问题，例如国家政策、经济发展趋势、全球气候变化等，通常涉及大范围的数据收集和分析，强调对整体趋势和模式的理解。对于中观层面，通常研究关注区域或者省域问题，例如不同省份的经济发展、教育结构等，通常需要对特定领域有深入的了解，从而探索特定环境下的复杂现象。对于微观层面，通常研究关注较小区域或者小群体的行为和特征，如不同地方的居民消费结构、人口老龄化等，通常需要直接与研究对象互动，收集一手数据，如通过问卷调查、深度访谈等。

由表3-10可以看出，在2021届统计学类专业学生的141篇本科毕业论文中，选题中直接出现"我国"或"全国"字眼的有39篇，有18篇论文没有明确说明研究范围，但论文内容仍以我国为研究对象；出现"内蒙古"字眼的有69篇；有2篇以全球为研究对象；围绕其他省、自治区、直辖市的论文有3篇；围绕着内蒙古自治区内市、盟、县，如"呼和浩特市""锡林郭勒盟"等，共有6篇；涉及区域研究，如"西部地区""黄河流域"等，共有3篇；还有1篇研究对象仅为内蒙古财经大学。

在2022届统计学类专业学生的170篇本科毕业论文中，选题中直接出现"我国"或"全国"字眼的有64篇，有25篇论文没有明确说明研究范围，但论文内容仍以我国为研究对象；出现"内蒙古"字眼的有57篇；有1篇以全球为研究对象；围绕其他省、自治区、直辖市的论文有7篇；围绕着内蒙古自治区内市、盟、县，如"呼和浩特市""锡林郭勒盟"等，共有9篇；涉及区域研究，如"西部地区""黄河流域"等，共有6篇；还有1篇研究对象仅为内蒙古财经大学。

在2023届统计学类专业学生的189篇本科毕业论文中，选题中直接出现"我国"或"全国"字眼的有68篇，有25篇论文没有明确说明研究范围，但论文内容仍以我国为研究对象；出现"内蒙古"字眼的有63篇；围绕其他省、自治区、直辖市的论文有14篇；围绕着内蒙古自治区内市、盟、县，如"呼和浩特市""锡林郭勒盟"等，共有7篇；涉及区域研究，如"西部地区""黄河流域"等，共有11篇，还有1篇研究对象仅为中国人民大学。

表3-10 2021—2023届毕业论文选题研究对象汇总

分类		2021届	2022届	2023届
宏观层面	全球	2	1	0
	全国	57	89	93
中观层面	内蒙古	69	57	63
	其他省、自治区、直辖市	3	7	14
	区域	3	6	11
微观层面	市、盟、县	6	9	7
	大学	1	1	1
合计		141	170	189

综合而言，从选题方向来看，宏观层面占的比例偏大。当毕业论文选题多聚焦于宏观层面时，虽然能够提供宽广的研究视角和深入的社会洞察，但也存在一些潜在的弊端。例如：①数据获取难度增大。宏观层面研究往往需要大量的数据和信息，而这些数据可能不易获取，或者获取成本较高。②分析难度上升。宏观层面的问题通常涉及众多变量和因素，增加了模型构建和分析的复杂性。③实际应用价值降低。宏观层面研究的结果可能难以度量，很难提出具有实际应用价值的政策建议。④研究创新性不足。研究时对于创新性可能更有挑战性，因为许多宏观问题已被广泛研究。⑤写作时间有限。对于宏观层面研究可能需要更长的时间来收集数据、进行分析和撰写论文，因此学生可能难以在有限的时间内深入研究。鉴于这些弊端，学生在选择宏观层面的毕业论文题目时，应该仔细考虑自己的能力、资源以及时间问题。

此外，对于中观层面的选题，研究范围也有变化，体现为初步的简单性逐渐过渡到更为复杂的多维度分析。其中，不仅仅针对内蒙古地区，其他省、自治区、直辖市或者区域的比较研究逐渐增多，尤其是2023届的毕业论文，逐渐涉及区域比较分析，如"东北地区、黄河流域、西部六省"等。此外，对于同一角度的研究逐渐涉及不同的省份，如"北京市、天津市、安徽省、浙江省数字经济规模测算研究"。

3.2.3 毕业论文选题内容分布情况分析

通过调查2021—2023届统计学类毕业论文的选题内容分布情况发现，学生倾向于选择与当前经济和社会发展趋势紧密相关的题目，结合实际问题和利用统计方法进行实证分析。近年来，"经济增长、数字经济、经济发展"以及"消费、收入"等问题已成为研究的热点，其他选题内容还有关于教育、生态环境、绿色、循环经济等相关问题的研究。

由表3–11可以看出，第一，"经济增长、数字经济、经济发展""消费、收入"等成为热门问题。2021—2023届的毕业论文主要涉及三方面：一是经济增长及其因素分析。例如能源消费、房地产业、旅游业、货币供应量等对经济增长的影响研究。二是数字经济、经济发展。例如全国各省域经济发展的比较研究、中国数字经济发展及其影响因素研究。三是居民消费、收入研究。例如基于ELFS模型的我国农村居民消费结构的实证分析、内蒙古农村地区居民消费影响因素分析。

第二，教育、生态环境等问题研究逐渐减少。2021届论文有5篇选题内容是关于教育的；2022届论文中只有3篇；2023届仅仅为1篇。2021届论文有11篇选题内容是关于生态环境的；2022届论文中只有6篇；2023届则一篇也没有。

第三，绿色、循环经济等问题研究逐渐增多。2021届论文有5篇选题内容是关于绿色、循环经济的；2022届论文中只有2篇；2023届则增加到11篇。

可见，当下热点经济问题已逐渐成为相关学术领域的关注对象。毕业论文选题多集中于这几个方面的原因可以从以下角度进行分析：①社会的普遍关注度。经济增长和发展、居民消费、收入是衡量经济健康和居民福祉的关键指标，自然成为研究的焦点。②具有理论基础。经济增长理论、居民消费、收入理论等是经济学中的经典理论，为统计学类毕业论文提供了丰富的理论基础。③数据易获得。这些领域通常有大量的历史数据和统计数据可供分析，便于应用统计方法进行实证研究。④方法易应用。统计方法在分析经济数据、建立经济模型方面具有天然的优势。

表3-11　2021—2023届毕业论文选题内容汇总

分类	2021届	2022届	2023届
经济增长及其因素分析	26	23	21
数字经济、经济发展	9	41	60
居民消费、收入研究	29	24	24
房地产	4	2	9
股市、证券市场、利率	13	6	6
科技创新	4	3	3
旅游业	4	0	10
教育	5	3	1
能源	4	12	10
绿色、循环经济	5	2	11
生态环境	11	6	0
人口年龄结构研究	3	15	5
农业、农村	2	9	8
其他	22	24	21
合计	141	170	189

3.2.4　毕业论文选题存在的问题

毕业论文的选题是撰写毕业论文的首要步骤，是确保论文质量和成功完成毕业论文的关键。本节通过对毕业论文选题情况进行分析，现将目前毕业论文选题存在的问题概括为以下几个方面。

3.2.4.1 选题过大过难

选题过大是指学生选题的内容涉及面太广，已超出自己的能力和所学知识的范围，而且很难在规定的时间内完成。选题虽然逐渐呈现多元化现象，但是有些选题已经脱离了本专业，这时就不能一味地要求创新，而应该结合自己的实际情况进行选题，做到言之有物。

例如有一篇论文题目为《美国股市波动与中国宏观经济的动态关系研究》，就超出了自己的理论水平和专业知识范围，在论文撰写过程中容易出现力不从心的状况，导致最后文章呈现出来就是无法深入聚焦研究某一领域，内容广而浅，因此论文的质量也就自然而然比较差。

3.2.4.2 选题重复，缺乏创新

在众多本科毕业论文中，出现几篇选题重复或相近的现象本属正常，同一研究内容，从不同的视角展开研究，可以挖掘出新的研究成果，体现其创新性。但围绕同一角度的文章在研究方法、研究内容、研究的角度都大同小异，对于研究内容已有大量的研究，又无法从新的角度进行分析研究，就会出现走老路的现象，缺乏创新，文章的研究价值和意义就会大打折扣。

3.2.4.3 选题缺乏实际应用价值

目前本科毕业论文都会在论文最后针对问题提出对策和建议，但就本科生目前的知识结构和社会实践经验而言，很大程度上很难提出有建设性的对策，因此，在论文的撰写过程中就会出现虎头蛇尾的现象，难以达到研究预期的目的和效果。

综上所述，毕业论文选题的范围、难度等方面都会在一定程度上影响毕业论文撰写的难度及毕业论文质量。因此，学生在选题时应综合各方面因素进行考虑，积极与指导教师沟通选择合适的选题，从而提高毕业论文的质量。

3.3 统计方法使用情况

统计方法对统计学类专业学生撰写毕业论文具有深远的意义，它们不仅关系到毕业论文的科学性和严谨性，还直接影响到研究结果的有效性和可信度。首先，统

计方法是毕业论文进行数据分析的基石。统计学类专业学生在撰写论文时，常常需要处理大量的数据，而统计方法有助于学生对数据进行整理、概括和解释，从而确保研究结果的准确性和可靠性。其次，统计方法在毕业论文中的运用能够提高研究的深度，拓宽研究的广度。统计学类专业学生在撰写论文时，常常需要建立创新性的模型方法进行分析，而统计方法有助于学生在论文中提出更加深入和全面的见解，从而确保研究结果的创新性。此外，统计方法对于提高论文的学术价值和说服力具有重要作用。统计学类专业学生在撰写论文时，需要根据数据特点运用恰当的统计方法以及统计软件，并对结果进行合理的解释，这有助于提高论文的说服力，并且在一定程度上锻炼了学生的逻辑思维能力和思考分析能力。最后，统计方法的学习对于学生的职业发展也具有重要意义。在当今的数字化时代，具备统计分析能力的专业人才备受青睐。统计学类专业学生在撰写论文时，不仅能够提升自己的专业技能，还能够为未来的职业生涯打下坚实的基础。

综上所述，统计方法对统计学类专业学生撰写毕业论文的意义重大。它们不仅是进行科学研究的重要工具，也是提高论文质量、培养专业素养和促进职业发展的关键因素。因此，本节通过对内蒙古财经大学2021—2023届统计学类专业毕业论文的统计方法进行整理归纳和分析，同时通过典型调查对2024届统计学类专业本科毕业生设计调查问卷，旨在了解统计方法在毕业论文中的运用情况，以便让学生了解统计方法的重要性，努力学习教师传授的知识，同时也有利于学生了解和掌握统计软件的使用方法。

3.3.1 毕业论文中统计方法应用的基本情况分析

根据对2024届内蒙古财经大学统计与数学学院统计学类专业本科毕业生设计的调查问卷，对毕业论文统计方法应用的基本情况进行分析。

3.3.1.1 *对统计方法的了解程度*

学生对统计方法的了解程度对完成毕业论文的撰写具有显著影响，尤其是在统计学类毕业论文中，这种影响尤为显著。首先，深入了解统计方法能够提升研究设计的价值和数据分析的准确性，从而直接影响论文的科学性和可靠性。其次，了解不同的统计方法及其适用条件，可以帮助学生选择最适合其数据和研究目的的统计方法。此外，深入了解统计方法有助于正确解释分析结果，而缺乏相应的统计知识可能导致选择错误的数据分析方法，得出错误的结论。最后，深入了解统计方法可以激发学生探索新的分析方法，拓宽分析维度，从而提高毕业论文的创新性。总之，深入了解并恰当运用统计方法，是确保毕业论文科学性和严谨性的关键。

从表3-12和图3-9可以看出，9.63%的学生对毕业论文使用到的统计方法非常了解，62.96%的学生对毕业论文使用到的统计方法较为了解，而22.96%的学生对毕业论文使用到的统计方法一般了解，甚至还有4.44%的学生对毕业论文使用到的统计方法不了解。

表3-12　2024届统计学类专业本科毕业论文统计方法了解程度

了解程度	人数/人	比例/%
非常了解	13	9.63
较为了解	85	62.96
一般了解	31	22.96
不了解	6	4.44
完全不了解	0	0
合计	135	100

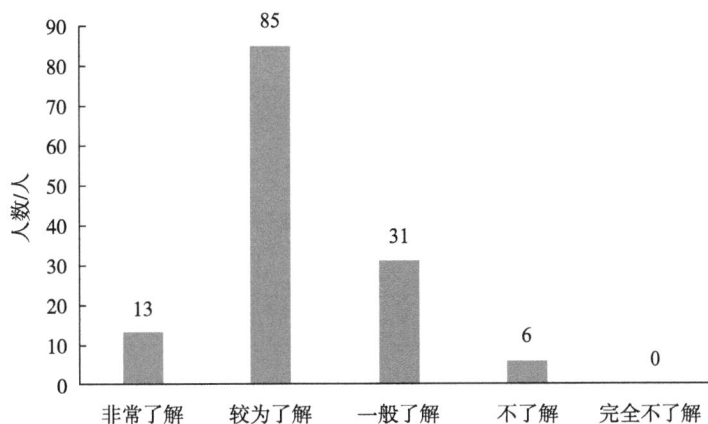

图3-9　2024届统计学类专业本科毕业论文统计方法了解程度

总体而言，学生对所使用的统计方法较为了解，说明其在撰写毕业论文时能够合理使用统计方法进行相应分析，在一定程度上可以提高研究结论的可靠性，但仍存在少部分学生对使用的统计方法了解不足。因此，在撰写毕业论文时，学生应该对所选择的统计方法的基础理论有深刻理解，并能通过实际运用加深对统计方法的选择和结果的认识，不断提高自己的统计素养，以提高毕业论文的质量。

3.3.1.2 统计方法的学习途径

统计学类专业学生在撰写毕业论文时学习统计方法的途径有很多，包括但不限于以下几种主要方式：首先是平时课程积累。传统的课堂教学是学生学习统计方法的基础途径，通过平时课程的学习，学生可以系统地了解统计方法的基本概念、理论和使用方法。其次是由指导教师指导。导师的指导可以帮助学生解决在毕业论文撰写过程中遇到的问题，促进统计方法的深入理解。再次是图书馆查阅。图书馆查阅是学生学习统计方法的重要途径，不仅可以提供详细的理论阐述、案例分析和习题练习，而且可以让学生了解统计方法在研究中的应用，从而学习如何将统计方法与研究问题相结合。最后是上网查阅。上网查阅在很大程度上考察了学生的自学能力，而自学能力对于统计学类专业的学生至关重要，通过上网查阅统计方法，学生可以不断提升自己的专业能力。当然还有其他途径来学习统计方法，如学术研讨会、科研项目、本专业实习等。它们都可以为统计学类专业学生搭建完备的统计知识体系，培养分析和解决实际问题的能力，为撰写毕业论文做好准备。

从表3-13和图3-10可以看出，2024届统计学类专业本科毕业生中36.30%的学生由指导教师指导毕业论文所用到的统计方法，8.15%的学生从图书馆查阅毕业论文所用到的统计方法，43.70%的学生上网查阅毕业论文所用到的统计方法，10.37%的学生从平时课程积累毕业论文所用到的统计方法，还有1.48%的学生使用其他方式学习毕业论文所用到的统计方法。

表3-13 2024届统计学类专业本科毕业论文统计方法学习途径

学习途径	人数/人	比例/%
由指导教师指导	49	36.30
图书馆查阅	11	8.15
上网查阅	59	43.70
平时课程积累	14	10.37
其他	2	1.48
合计	135	100

总体而言，学生应通过多元化的途径学习统计方法，以确保毕业论文的科学性和严谨性。例如，可以积极参与课程学习，深入阅读统计教材，利用图书资料和网

络资源，在导师的指导下深入学习，及时解决学习过程中的疑惑，从而来提升统计分析能力，为毕业论文的撰写打下坚实基础。

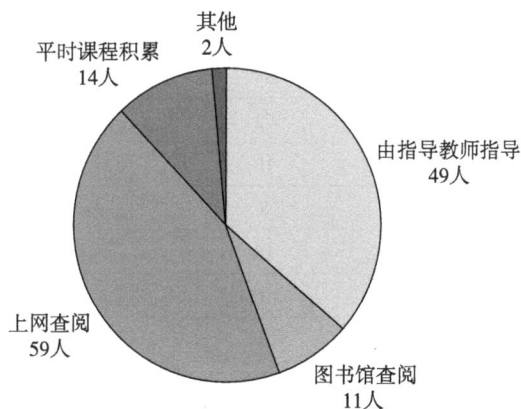

图 3-10　2024 届统计学类专业本科毕业论文统计方法学习途径

3.3.2　毕业论文统计软件使用情况分析

统计学类专业可以运用的统计软件有很多，这些软件对于撰写毕业论文至关重要，以下是一些常用的统计软件：Excel，这是基础的电子表格工具，适用于数据整理和初步分析；R 软件，这是一种专注于统计计算和数据可视化的编程语言和环境，拥有大量的统计包；Stata，这是一种强大的数据分析工具，支持复杂统计计算，助力实证研究，是学术和专业领域不可或缺的助手；SPSS，这是一款专业的统计分析软件，提供丰富的数据分析功能和用户友好的界面；MATLAB，这是一款商业数学软件，擅长数值计算和矩阵操作，也广泛应用于工程和科学研究；Python，这是一种编程语言，拥有丰富的数据分析库，如 NumPy、Pandas、Matplotlib、SciPy 等，适合进行复杂的数据处理和可视化；还有一些其他的统计软件，如 SAS 等。

从表 3-14 和图 3-11 可以看出，2024 届统计学类专业本科毕业生中 55.56% 的学生在毕业论文中使用了 Excel，22.96% 的学生在毕业论文中使用了 R 软件，62.22% 的学生在毕业论文中使用了 Stata，53.33% 的学生在毕业论文中使用了 SPSS，7.41% 的学生在毕业论文中使用了 MATLAB，5.93% 的学生在毕业论文中使用了 Python，还有 13.33% 的学生在毕业论文中使用了其他的统计软件。

表3-14　2024届统计学类专业本科毕业论文统计软件使用情况

统计软件	人数/人	比例/%
Excel	75	55.56
R软件	31	22.96
Stata	84	62.22
SPSS	72	53.33
MATLAB	10	7.41
Python	8	5.93
其他	18	13.33
合计	135	100

　　总体而言，这些统计软件可以帮助学生撰写毕业论文时进行数据的整理、处理和分析等，是撰写论文过程中不可或缺的工具。学生通过统计软件进行的统计分析，不仅可以提高结果的准确性和可信度，帮助学生更直观地展示研究结果，而且更加符合学术研究的规范，有助于提升论文的学术水平。此外，掌握统计软件的使用技能是统计学类专业学生必备的能力，对未来发展具有重要意义。因此，统计软件的运用对统计学类专业学生撰写毕业论文具有极其重要的意义，不仅提高了研究的质量和效率，还为学生提供了必要的技术技能，为未来的学术和职业生涯奠定了基础。

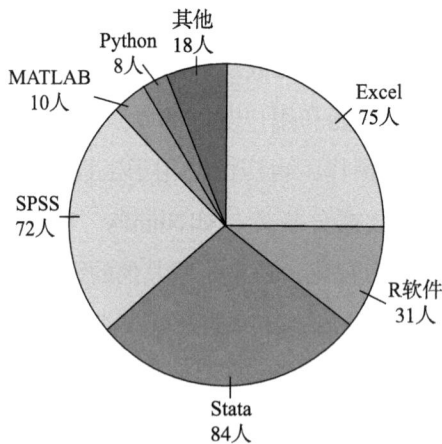

图3-11　2024届统计学类专业本科毕业论文统计软件使用情况

3.3.3　毕业论文统计方法使用情况分析

3.3.3.1　毕业论文统计方法种类分析

统计学类专业可以用到的统计方法有很多，这些方法对于撰写毕业论文至关重要，以下是一些常用的统计方法：统计图表，用于描述数据的基本特征，为毕业论文的撰写提供数据基础；方差分析，用于比较三个或以上总体均值的差异，常用于研究不同因素对结果的影响；相关分析，用于评估两个或多个变量之间是否存在某种统计关联，以及这种关联的程度和方向；回归分析，包括线性回归、多元回归等，用于研究变量之间的关系，是毕业论文中探讨因果关系的重要工具；时间序列分析，如ARIMA模型等，用于分析时间序列数据的趋势、季节性等，对经济、金融等时间序列数据的研究尤为重要；主成分（因子）分析，用于降维和发现数据中的潜在结构，有助于简化复杂数据集并提取主要影响因素；聚类分析，它用于将数据分组，使组内相似度高，组间相似度低，对毕业论文中结构的划分起着重要作用；判别分析，用于预测一个或多个分类结果；还有其他的一些统计方法，如假设检验、非参数统计、统计建模等。

从表3-15可以看出，在2021届的学生中，100%的学生在毕业论文中使用了统计图表，没有学生在毕业论文中使用方差分析，29.79%的学生在毕业论文中使用了回归分析，6.38%的学生在毕业论文中使用了相关分析，5.67%的学生在毕业论文中使用了聚类分析，18.44%的学生在毕业论文中使用了主成分分析，没有学生在毕业论文中使用判别分析，29.79%的学生在毕业论文中使用了时间序列分析，还有39.01%的学生在毕业论文中使用了其他的统计方法。

在2022届的学生中，100%的学生在毕业论文中使用了统计图表，1.18%的学生在毕业论文中使用了方差分析，50%的学生在毕业论文中使用了回归分析，14.12%的学生在毕业论文中使用了相关分析，10%的学生在毕业论文中使用了聚类分析，17.06%的学生在毕业论文中使用了主成分分析，没有学生在毕业论文中使用判别分析，7.06%的学生在毕业论文中使用了时间序列分析，还有27.06%的学生在毕业论文中使用了其他的统计方法。

在2023届的学生中，100%的学生在毕业论文中使用了统计图表，1.06%的学生在毕业论文中使用了方差分析，53.97%的学生在毕业论文中使用了回归分析，8.99%的学生在毕业论文中使用了相关分析，5.29%的学生在毕业论文中使用了聚类分析，14.81%的学生在毕业论文中使用了主成分分析，没有学生在毕业论文中使用判别分析，22.22%的学生在毕业论文中使用了时间序列分析，还有21.16%的学生在毕业论文中使用了其他的统计方法。

在2024届的学生中，100%的学生在毕业论文中使用了统计图表，15.56%的学生在毕业论文中使用了方差分析，62.96%的学生在毕业论文中使用了回归分析，25.93%的学生在毕业论文中使用了相关分析，5.19%的学生在毕业论文中使用了聚类分析，7.41%的学生在毕业论文中使用了主成分分析，3.70%的学生在毕业论文中使用了判别分析，35.56%的学生在毕业论文中使用了时间序列分析，还有17.04%的学生在毕业论文中使用了其他的统计方法。

表3-15　2021—2024届统计学类专业本科毕业论文统计方法种类

种类	2021届	比例/%	2022届	比例/%	2023届	比例/%	2024届	比例/%
统计图表	141	100	170	100	189	100	135	100
方差分析	0	0	2	1.18	2	1.06	21	15.56
回归分析	42	29.79	85	50	102	53.97	85	62.96
相关分析	9	6.38	24	14.12	17	8.99	35	25.93
聚类分析	8	5.67	17	10	10	5.29	7	5.19
主成分分析	26	18.44	29	17.06	28	14.81	10	7.41
判别分析	0	0	0	0	0	0	5	3.70
时间序列分析	42	29.79	12	7.06	42	22.22	48	35.56
其他	55	39.01	46	27.06	40	21.16	23	17.04

由图3-12可知，学生在撰写毕业论文时，使用最多的统计方法为统计图表和回归分析，其次是时间序列分析和相关分析，较少的同学使用了方差分析、聚类分析和判别分析；且回归分析、方差分析呈现出逐年递增的趋势，主成分分析方法呈现出逐年下降的趋势。总体而言，使用这些统计方法不仅提高了研究的科学性和严谨性，增加了研究的可信度，而且帮助研究者准确解释结果，得出合理结论。此外，还提高了深入分析数据的能力，增加了研究的深度，增强了论文的实际应用价值。因此，学生应该掌握和正确运用这些统计方法，它对统计学类专业学生的毕业论文质量至关重要，大大提升了研究的深度和广度。

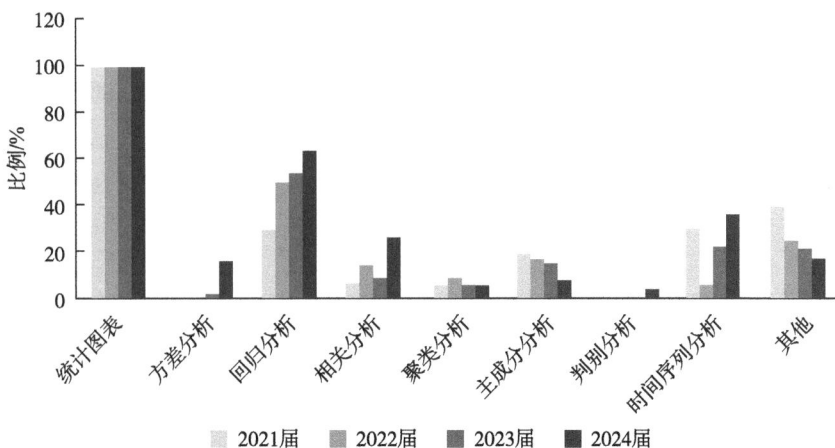

图 3-12　2021—2024 届统计学类专业本科毕业论文统计方法种类

3.3.3.2　毕业论文统计方法数量分析

统计学类专业学生使用统计方法的数量对撰写毕业论文具有一定的影响，虽然使用的统计方法越多并不意味着效果越好，但是多种方法恰当的结合可以更有效地解决问题。首先，多种统计方法的使用意味着学生能够从多个角度和多个方面分析数据，使得毕业论文的层次更加深入。其次，多种统计方法的使用为解决复杂的问题提供了多种工具，增强了学生应对各种数据分析的能力。再次，多种统计方法的使用可以激发新的研究思路，促进研究方法的创新，提高毕业论文的创新性，增加毕业论文的学术贡献。最后，运用多种统计方法可以帮助学生更全面地解释和讨论结果，从不同角度对结果进行解释和验证，避免错误的结论。

从表3-16可以看出，在2021届的学生中，66.67%的学生在撰写毕业论文中使用了2种统计方法，28.37%的学生在撰写毕业论文中使用了3种统计方法，4.96%的学生在撰写毕业论文中使用了3种以上统计方法。

在2022届的学生中，74.12%的学生在撰写毕业论文中使用了2种统计方法，22.94%的学生在撰写毕业论文中使用了3种统计方法，2.94%的学生在撰写毕业论文中使用了3种以上统计方法。

在2023届的学生中，74.60%的学生在撰写毕业论文中使用了2种统计方法，21.17%的学生在撰写毕业论文中使用了3种统计方法，4.23%的学生在撰写毕业论文中使用了3种以上统计方法。

在2024届的学生中，59.26%的学生在撰写毕业论文中使用了2种统计方法，28.15%的学生在撰写毕业论文中使用了3种统计方法，12.59%的学生在撰写毕业论文中使用了3种以上统计方法。

表3-16 2021—2024届统计学类专业本科毕业论文统计方法使用数量

数量	2021届	比例/%	2022届	比例/%	2023届	比例/%	2024届	比例/%
2种	94	66.67	126	74.12	141	74.60	80	59.26
3种	40	28.37	39	22.94	40	21.17	38	28.15
3种以上	7	4.96	5	2.94	8	4.23	17	12.59

由图3-13可知，总体而言，使用了2种或3种统计方法的学生比使用了3种以上的统计方法的学生多。学生在撰写毕业论文时，应根据研究的目的和数据的特征以及统计方法的原理和适用条件合理选择统计方法的数量。

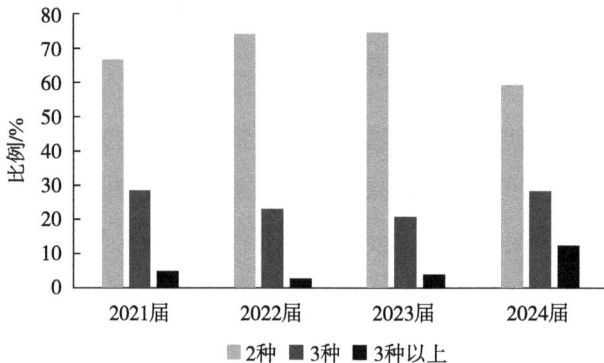

图3-13 2021—2024届统计学类专业本科毕业论文统计方法使用数量

3.3.4 毕业论文统计方法存在的问题

统计学类专业学生在撰写毕业论文时，必然会用到统计方法，但是它在毕业论文中的应用是把双刃剑，正确使用统计方法能够增加毕业论文的科学性，但也可能因为使用不当带来一系列问题。本节通过对毕业论文使用统计方法情况进行分析，现将在撰写毕业论文过程中使用统计方法存在的问题概况为以下几个方面。

3.3.4.1 统计方法掌握不足

学生在撰写毕业论文时，可能面临统计方法掌握不充分的问题。其中包括对统计概念理解不深，对统计原理和方法运用不当，以及对数据分布特征和适用条件缺乏认识。因此可能导致错误的数据分析结果，从而影响毕业论文的科学性和结论的准确性。

3.3.4.2 统计软件的误用

如今，统计软件的强大功能为数据分析提供了便利，但过度依赖统计软件也可能带来问题。学生在撰写毕业论文时，可能对统计软件背后的统计原理理解不足，导致误用统计方法或对结果的解释不够准确。此外，统计软件的部分分析可能掩盖了数据的实际情况，从而可能会减少对数据特性的深入分析。

3.3.4.3 结果解释的缺乏

正确解释统计结果是完成毕业论文必不可少的一个环节。学生在撰写毕业论文时，可能在这一环节上缺乏批判性思维，过分关注统计显著性而忽视了实际意义，或者未能充分考虑统计结果的局限性，也可能会限制对研究结果的全面理解，从而影响毕业论文的深度和学术价值。

综上所述，统计方法在毕业论文中的使用需要学生具备足够的统计知识、全面且准确的数据获取、正确的统计软件使用以及深刻的结果解释能力。因此，学生应该加强这些方面的教育和训练，从而提高毕业论文的质量和研究的学术水平。

3.4 参考文献引用

参考文献作为文章研究内容的资料来源，对于文章整体写作具有重要作用，是论文写作及研究的重要支撑，同时也是论文写作的重要组成部分。杜红平和王元地（2017）基于学术论证理论，定性地提出学术论文参考文献引用的科学化范式，从多方面对参考文献的规范化进行论证，促进学术论文的高水平发展[75]。王洁等（2015）从规范性和质量两方面对参考文献进行了探讨研究，强调了参考文献对本科毕业论文的重要性，为加强本科毕业论文质量提供参考方法[76]。参考文献的引用不仅仅是为论文提供学术支持和证据，以及丰富研究内容，增加论文价值，同时也避免了剽窃等学术不端的问题，正确地引用参考文献也是对文献作者的尊重。同时，引用高质量的文献有利于增强文章的可靠性以及对研究内容的创新性，这也是对论文负责的表现。

3.4.1 统计学类专业本科毕业论文参考文献引用类型分析

参考文献是在论文撰写过程中获取相关研究领域的知识及研究进展的渠道，是对一些著作或论文的参考或引鉴。参考文献的类型主要包括专著、期刊、学位论文、报纸等多种文献形式，并且根据规定在引用不同的文献时，需采用不同的字母标明对应文献的类型。

根据调查2021—2023届统计学类专业本科毕业论文中所用参考文献的数量，统计得到结果如图3-14所示。据统计，2021—2023届统计学类专业毕业生共计499篇有效毕业论文，6917条有效参考文献，其中包括专著274条、期刊5262条、学位论文1205条、报纸97条、论文集40条、研究报告35条，以及标准3条和专利1条。从统计结果可以看出，期刊论文是学生参考文献的主要来源，占到76.07%。

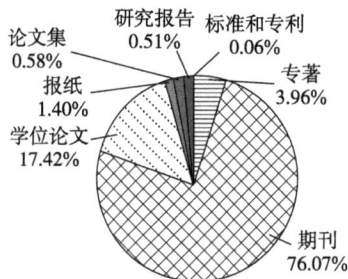

图 3-14 2021—2023 届统计学类专业本科毕业论文引用参考文献类型

针对2024届毕业生采取了问卷调查的方式进行数据的收集，表3-17为2024届统计学类专业毕业生参考文献引用类型的情况调查。据统计，共计有135人填写问卷，其中有103人次引用了学位论文，96人次引用了期刊，32人次引用了专著，11人次引用了报纸，7人次引用了专利以及有2人次引用了其他类型的文献。

表3-17 2024届统计学类专业本科毕业论文引用参考文献类型

文献类型	人次/人	比例/%
期刊	96	71.11
专著	32	23.70
学位论文	103	76.30
报纸	11	8.15
专利	7	5.19
其他	2	1.48

注：数据来源为附录1调查问卷问题22"引用最多的参考文献类型"，此题为多选题。

总体而言，有近七成的参考文献来自期刊，期刊论文是大部分学生选择参考文献的主要类型，期刊论文通常有着详细的研究背景、目的、方法以及使用的数据和详细的分析结果，这样可以使得读者能够清晰地了解文章的研究内容。同时期刊的审批流程也保证了期刊的学术质量，为学生的论文提供了高质量的学术支撑。

从图3-14可以看到，学位论文的引用数量也比较多，对于本科生而言，论文写作的基础较差，写作水平较低，同时对论文的结构、内容、格式等方面都存在一定的缺陷，一些硕士或博士的学位论文可以让本科生细致地了解到一些论文写作的基础知识，这也是学位论文引用数量多于其他文章的原因。

3.4.2　统计学类专业本科毕业论文参考文献引用数量分析

在毕业论文的撰写过程中，学生需要查阅大量文献以了解国内外相关研究进展，因此，参考文献引用数量在一定程度上体现了学生对于研究内容的了解程度，也体现了学生对论文的认真程度。根据调查2021—2023届统计学类专业本科毕业论文中所用参考文献引用个数情况，统计得到结果如图3-15所示。

根据统计，2021届毕业生所引用的参考文献数量，引用10条文献以上的有67人，20条以上6人，没有超过30条的；2022届毕业生中，引用10条文献以上的有160人，20条以上25人，30条以上2人，没有超过40条的；2023届毕业生中，引用10条文献以上的有174人，20条以上31人，30条以上4人，40条以上2人，50条以上1人，没有超过60条的。

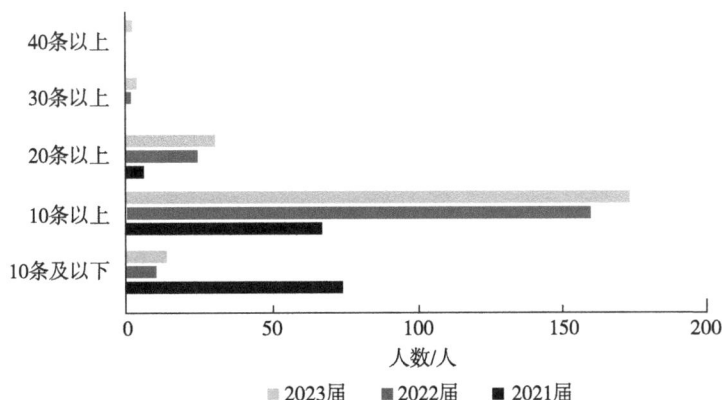

图3-15　2021—2023届统计学类专业本科毕业论文参考文献引用数量

根据表3-18中对2024届本科生的问卷调查结果可知，2024届毕业生所引用的参考文献个数中，5条文献以下的有2人，6～10条文献有23人，11～20条文献有

72人，21～30条文献有34人，31条文献以上有4人。

表3-18 2024届统计学类专业本科毕业论文参考文献引用数量

参考文献引用条数	人数/人	比例/%
5条以下	2	1.48
6～10条	23	17.04
11～20条	72	53.33
21～30条	34	25.19
31条以上	4	2.96

总体而言，大部分的毕业生所参考的文献个数集中在10条以上，而且随着近几年对毕业论文的严格要求，学生趋于参考更多的文献。这也表明学生对毕业论文的认真态度逐步上升，同时也存在一些教师对学生的硬性要求的提高，这在一定程度上对本科毕业论文质量的提升具有加强作用。

3.4.3 统计学类专业本科毕业论文参考文献语种分析

统计学类本科毕业论文参考文献语种主要有中文和英文两种，如图3-16所示，2021届中文文献达到1539条，英文文献58条；2022届中文文献共2643条，英文文献173条；2023届中文文献2961条，英文文献190条。中英文文献的引用情况差距较大，英文文献的引用数量不到整体的6%，中文文献的引用数量远超过英文文献。2021届中文文献数量是英文文献的25倍多，2022届和2023届中文文献数量是英文文献的15倍多。

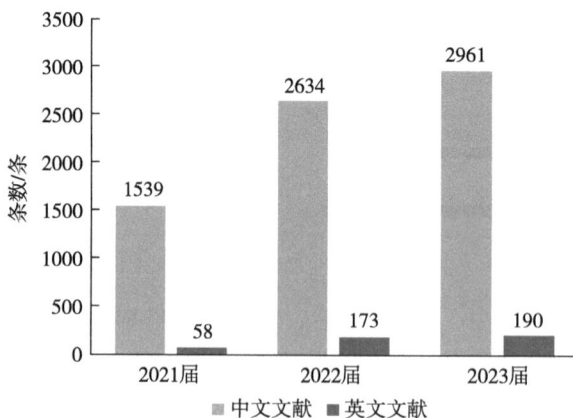

图3-16 2021—2023届统计学类专业本科毕业论文引用中英文文献情况

根据表3–19中对2024届本科生的问卷调查结果可知，2024届毕业论文对于英文文献的引用整体上要少于中文文献，同时也可以看出有19人引用了6～10条英文文献，有12人引用了11～20条英文文献，甚至有3人引用了21条及以上的英文文献。

表3–19　2024届统计学类专业本科毕业论文引用中英文文献情况

文献条数	中文	比例/%	英文	比例/%
5条以下	3	2.22	101	74.81
6～10条	30	22.22	19	14.07
11～20条	73	54.07	12	8.89
21～30条	26	19.26	3	2.22
31条以上	3	2.22	0	0

由此可以看出，学生更倾向于查阅和引用中文文献，中文文献的参考数量逐年增多，同时学生对英文文献的引用数量也在增加，说明学生逐渐意识到要更加全面地了解国内外相关研究进展，在一定程度上也体现了学生对论文的重视程度以及对学术研究的认真程度在逐步提高。

3.4.4　统计学类专业本科毕业论文引用的参考文献年份分析

2021—2023届统计学类专业毕业生参考文献引用年份的统计情况如表3–20所示。根据统计结果可知，2021届参考文献引用年份为近5年内共741条，近5～10年内共463条，近10年之前有393条；2022届参考文献引用年份为近5年内共1514条，近5～10年内共683条，近10年之前有610条；2023届参考文献引用年份为近5年内共1929条，近5～10年内共777条，近10年之前有445条。

表3–20　2021—2023届统计学类专业本科毕业论文参考文献引用年份统计

2021届	条数/条	2022届	条数/条	2023届	条数/条
近5年内	741	近5年内	1514	近5年内	1929
近5～10年内	463	5～10年内	683	近5～10年内	777
近10年以上	393	10年以上	610	近10年以上	445

根据图3–17中对2024届本科生的问卷调查结果可以得知，有81.48%人次选择的文献为最近5年的，有48.89%人次选择的文献为近5～10年内的，但同时也有

38.52%人次选择的文献为近10年之前的甚至更早的。

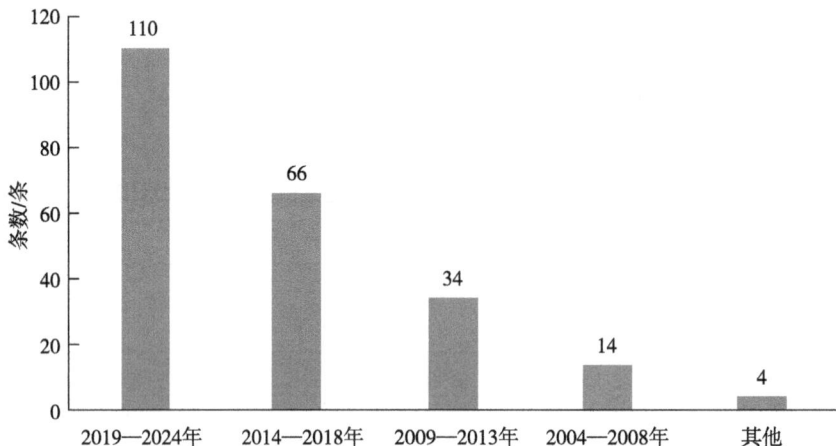

图 3-17　2024 届统计学类专业本科毕业论文引用参考文献的年份统计（多选）

综上可以看出多数学生对于参考文献的引用都选择近5年内的文献进行参考，同时对于近5年内的文献参考比例也在逐渐增加。年份近的文献代表着当下研究领域内最新的研究成果，这也体现了大部分学生对相关领域研究动态的了解，切实提高了论文的质量水平。

3.4.5　统计学类专业本科毕业论文引用的参考文献获取方式

通过对2024届本科毕业生进行问卷调查，关于参考文献的获取方式其结果如图3-18所示。由图3-18可知，有127人次选择用学术资料数据库（知网、万方等）来查询所需要的文献资料，并且存在一些学生从网络信息以及一些其他不知名的途径获取文献，同时也可以看到，从学校图书馆获取文献的学生并不多。

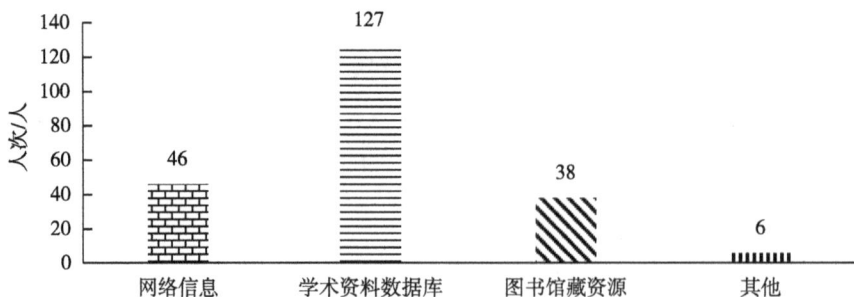

图 3-18　2024 届统计学类专业本科毕业论文获取参考文献的途径（多选）

由此可知，存在一些学生只是从搜索引擎草率搜索，没有通过正规的文献获取途径获得，甚至存在对正规途径的不了解。大部分的学生在高质量文献的搜索上能力不足，也没有进行正规的学习。从学校的角度来看，校图书馆的资源存在一定程度的不足，难以提供高质量的文献资源，同时，离开学校后，学生对文献的查找也存在一定的困难。

3.4.6　统计学类专业本科毕业论文引用的参考文献获取方便程度

根据图3-19中对2024届本科生的问卷调查结果可知，存在5.18%的学生认为获取参考文献不方便以及很不方便，有17.78%的学生认为一般方便以及55.56%的学生认为比较方便，仅有不到四分之一的学生认为获取文献非常方便。

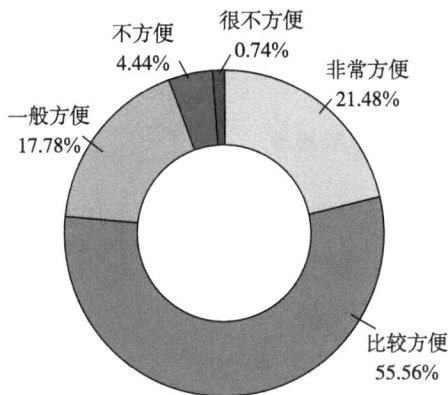

图 3-19　2024 届统计学类专业本科生获取参考文献的方便程度

3.4.7　本科毕业论文参考文献存在的问题

目前，本科毕业论文的质量受到高校甚至社会的广泛关注，因为近年来，本科毕业论文的质量出现了较为明显的下降，但很少有材料针对参考文献这一问题进行讨论[77]。本节通过对毕业论文引用参考文献情况进行分析，现将引用参考文献出现的问题概括为以下几个方面。

3.4.7.1　引用的文献时间久远

通过调查可知，仍然有一些学生的毕业论文中参考的文献时间较为久远，并没有做到研究内容的与时俱进，存在一些文献已经失去参考价值的问题。参考文献的新旧决定了文章目前的研究方法是否与时俱进、贴合实际。引用文献时间过久将会面临着一些过时的研究成果可能不适用于当下的研究，会给文章的研究结果带来一些偏差，甚至会出现与当下研究结果相反的结论，从而否定当前的文章。毕业论文一方面是学生学习的成果鉴定，另一方面也体现了学生是否能够掌握本专业前沿的研究。因此，文献的时间在一定程度上影响着学生对本专业当下研究领域的了解情况。

3.4.7.2　引用的文献质量较低

文献水平的高低也间接地影响着毕业论文的质量高低。较高水平的参考文献也具有更专业更权威的研究，本身的参考价值更高。对于本科毕业论文来说，引用较高水平的参考文献有助于论文质量的提升。根据调查结果来看，引用的绝大部分文献为期刊论文，但对核心期刊的引用较少，并且对学位论文的引用数量也不在少数，仍然存在引用的文献水平较低的问题。对于本科毕业论文来说，学生仍然应该抱着学习的态度尽量多地引用更加权威的参考文献。

3.4.7.3　引用文献的格式不规范

根据图3-20中2024届统计学类专业本科生对引用文献格式的了解程度的问卷调查结果显示，非常了解参考文献引用格式的学生仅占21.48%，并且存在不了解以及完全不了解的学生占2.22%，大部分的学生对文献引用的格式只是了解一部分，多数学生对文献的引用格式还存在一定的盲区，并没有达到充分的了解。

对于毕业论文的撰写，存在多数同学对参考文献的引用格式没有完全了解。并且通过指导教师对学生论文的指导批注可以了解到，大部分论文或多或少存在格式问题。有些引用了文章但却并未有标注，有些引用的文章找不到，也存在一些文章存在照抄现象。同时，对参考文献的引用格式不了解，分不清楚文献类型，存在标注错误的问题。在写文献综述方面，一些学生存在不知道怎么写的问题，只是单纯地罗列文献，没有对文献进行总结概括，更有甚者直接照搬文献摘要。

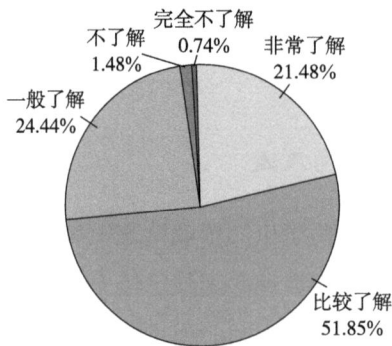

图3-20　2024届统计学类专业本科生对引用文献格式的了解程度

3.4.7.4 引用文献的数量问题

通过对历年学生毕业论文的调查结果来看，多数学生对参考文献的引用数量集中在10～20条，对于本科毕业论文而言，这是一个较为正常的范围。但从结果可知，也存在一些学生消极对待的情况，参考文献的数量寥寥无几。对于论文的撰写而言，参考文献的引用在一定程度上决定了论文的写作方向，同时参考文献的引用给予论文最新的研究成果的参考，促使论文进一步地创新和发挥新的研究意义。对于参考文献的引用将对论文的质量造成一定程度的影响。

3.4.7.5 引用文献的原因问题

学生在参考文献方面出现的问题很大程度上体现出在撰写过程中的态度问题。从学生角度来看，存在统计学类专业本科生对毕业论文应付的恶劣情况，态度不端正，对论文不够重视。根据图3-21对2024届学生选择参考文献的原因这一问题的调查结果显示，多数学生选择参考文献的原因是为论文提供学术支持和证据，以及丰富研究内容和增加论文价值，同时可以看到有8.15%人次选择了为了凑文献条数的恶劣情况。因此还需要端正学生对毕业论文的写作态度。

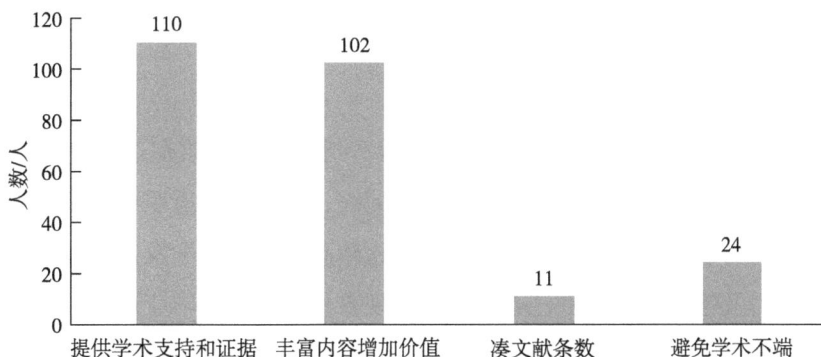

图 3-21 2024届统计学类专业本科生选择参考文献的原因

此外，目前一些学校很少开设论文写作的相关课程，造成学生对写论文的生疏，这不仅造成学生对文献引用的陌生，同时也严重影响着本科毕业论文的质量。

综上所述，针对目前在本科毕业论文参考文献质量方面存在的问题，应该在各方面做出切实性的改变，加强数字网络资源的供应，确保学生能更加便捷地获取学术前沿资源，同时要加强学生对参考文献的收集、处理、分析、总结的能力，从而提高毕业论文的写作质量。

3.5 指导教师情况

由于本科学生大部分对论文的写作几乎没有经验，因此在撰写毕业论文的过程中，一般都需要在指导教师的指导下完成，学生需要教师对论文的选题、模型、书写等多方面进行指导。因此，在一定的程度上，指导教师对本科毕业论文的质量存在一定的影响。

3.5.1 指导教师现状

针对内蒙古财经大学2021—2024届本科毕业论文指导教师情况进行调查，其结果如表3-21所示。根据表3-21可知，2021届统计学类专业共计167名毕业生，配备24名指导教师，平均每位教师指导6.9个学生，其中有教授5名、副教授14名、讲师5名。2022届统计学类专业共计170名毕业生，配备24名指导教师，平均每位教师指导7.1个学生，其中有教授5名、副教授13名、讲师6名。2023届统计学类专业共计206名毕业生，配备26名指导教师，平均每位教师指导7.9个学生，其中有教授7名、副教授11名、讲师8名。2024届统计学类专业共计185名毕业生，配备26名指导教师，平均每位教师指导7.1个学生，其中有教授7名、副教授13名、讲师6名。

根据指导教师平均指导的学生人数来看，指导教师人数在这四年内波动并不大，教授以及副教授人数也基本趋于稳定。同时，也可以知道职称为副教授的教师为主要的师资力量，通常职称高的教师具有比较高的教学水平及知识体系，有着较高的专业能力及管理学生的责任心。这也体现着学校对本科毕业论文的重视，配备高水平教师来指导本科学生的毕业论文，以提升本科毕业论文质量。

表3-21 2021—2024届本科毕业论文指导教师情况

单位：人

	2021届	2022届	2023届	2024届
指导教师	24	24	26	26
平均指导学生人数	6.9	7.1	7.9	7.1
教授	5	5	7	7
副教授	14	13	11	13
讲师	5	6	8	6

3.5.2　指导方式分析

为了了解教师的指导方式情况，对2024届统计学类专业本科毕业生进行了问卷调查，其结果如图3-22所示。从图3-22可以看出，有75.56%的教师通过微信等通信软件对学生进行论文指导，43.7%的教师通过面谈方式进行论文指导，同时分别有23.7%和26.67%的教师通过线上会议以及邮件的方式对学生进行论文指导。

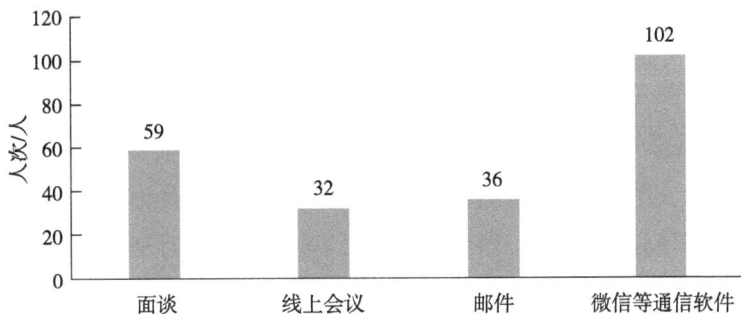

图3-22　2024届统计学类专业本科毕业论文指导教师的指导方式（多选）

由此可见，大部分论文指导是通过通信软件进行的，同时也有部分教师通过严格的面谈方式对学生进行指导。线上指导可以高效地对学生进行教学，在时间、空间方面可操作性较大，可以有效地避免学生与教师在时间、空间方面的冲突，但便捷的同时可能会遇到沟通交流的偏差，教师的表达和学生的理解方面不可能达到完全的一致，甚至在一些细节的处理上无法做到详细的指导。而面对面指导可以很好地对学生论文进行细节方面的指导，同时双方可以更好地理解以及沟通，但也面临着教师无法抽出大量的时间来指导学生的论文。因而对于论文的指导方面，应该将二者相互结合，做到线上线下多方式的指导教学。

3.5.3　教师指导内容

教师对论文主要从选题、论文提纲和框架结构、研究方法、论文格式、语句表达以及参考文献等方面进行指导。根据对2024届统计学类专业本科毕业论文教师指导内容进行的调查，其结果如表3-22所示。

表3-22　2024届统计学类本科毕业论文教师指导内容

指导内容	人次/人
选题指导	97
论文提纲和框架结构指导	111

指导内容	人次/人
研究方法指导	103
论文格式指导	97
语句表达指导	85
其他	9

根据调查结果可知，教师从多方面、多角度对本科生的毕业论文进行细致的指导，这也将直接影响着论文质量的高低。由于本科生缺乏论文写作的经验，因此，在写作的初期需要导师对论文的写作方向以及选题进行指导，题目的选择是否合适，对于整个论文的写作过程起着决定性的作用，因为这是论文写作的第一步，所以要对题目进行慎重的考虑以及仔细的斟酌，走好第一步对于后续的写作可以避免很多不必要的麻烦。框架、格式以及语句是奠定一篇完整论文的基础，导师应该根据论文的主题指导学生合理安排论文的中心脉络，有层次、有中心地衔接好论文的每个部分。同时与时俱进的选题和最新的研究方法是论文的核心要素。指导教师应该从多方面、多角度对学生论文进行指导，反复多次地对论文进行打磨和修改，从而推动本科教学质量以及本科毕业论文质量的提升。

3.5.4　教师指导次数

为了了解教师的指导次数情况，对2021—2023届统计学类专业毕业生进行了数据收集，其结果如表3-23所示。

表3-23　2021—2023届统计学类专业本科毕业论文教师指导次数

	2021届	2022届	2023届
学生数/人	154	170	189
平均每人被指导次数/次	5.90	5.44	5.34

根据表3-23可知，2021届统计学类专业学生平均每人被教师指导5.90次，2022届学生平均每人被指导5.44次，2023届学生平均每人被指导5.34次。从历年数据中可以看出，每位教师平均对学生的毕业论文指导次数均在5次左右，有很少数人达到10次左右。在调查的过程中也发现了指导次数不满两次的情况。

根据表3-24中对2024届本科生的问卷调查结果可知，共计有69人被指导次数为7次以上，有47人被指导次数为5～6次，有17人被指导次数为3～4次，同时也可以看到仍有2人被指导次数仅限于1～2次。大部分的指导次数集中于六七次，但从历年的调查情况来看也存在教师仅对学生进行少数指导的情况。

表3-24　2024届统计学类专业本科毕业论文教师指导次数

指导次数	人数／人
1～2次	2
3～4次	17
5～6次	47
7次以上	69

对于本科生而言，学生本人并没有充分的写作经历，因而要想提高本科毕业论文的质量，还需要指导教师对学生的细心指导。从每位学生被指导的次数来看，大部分学生以及教师都能很好地完成论文写作的配合。对于一些指导次数较少情况的出现，教师和学生双方可能都出现了一定的懈怠，一方面教师工作繁忙，没有协调好指导时间；另一方面，学生本人对论文的重视程度不够，写作态度不积极，这将极大地影响论文的质量问题。

3.5.5　指导满意程度

图3-23为2024届学生对教师指导情况的满意度调查结果，从图3-23中可以看出，有73.33%的学生对教师的指导表现出非常满意，有15.56%的学生对教师的指导表现出比较满意，有8.89%的学生对教师的指导表现出一般满意，同时分别有1.48%和0.74%的学生对教师的指导表现出不满意和很不满意的情况，这也意味着一些教师对学生的指导存在问题。从整体数据上看，多数学生对于教师的指导都表现出非常满意，表明大部分教师对于学生毕业论文的指导都有着强烈的责任心，对于学生的论文及时给予细致的指导。但从调查结果也可以看到，存在一些学生对于教师的指导是不满意的，可能是教师没有及时回复、没有给予多次指导、指导内容聊胜于无等多方面原因。因此，对于本科毕业论文质量的高低，教师的指导也可能有着一些影响。

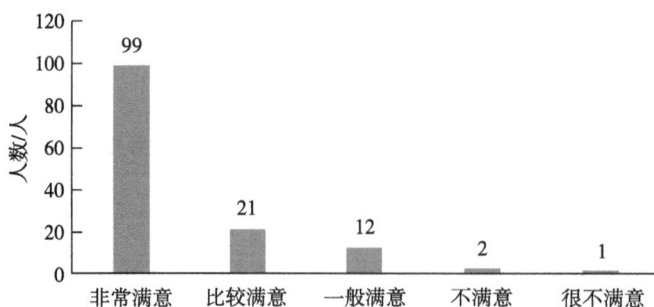

图 3-23　2024 届统计学类专业本科生对教师指导情况满意程度

3.5.6　毕业论文指导存在的问题

在撰写毕业论文的过程中，除学生自身因素外，指导教师对学生的指导在一定程度上也影响着本科毕业论文质量。因此，对于当前本科毕业论文的指导有以下几个方面需要提升。

3.5.6.1　指导方式问题

对于教师的指导过程而言，为避免线上指导不详细的问题以及线下指导时间空间的冲突问题，应该尽可能地协调好师生之间的时间空间问题，对于教师的指导应设置一定的线上线下联合指导方式，弥补二者各自的缺陷。同时制定相关的指导教学方案，对于本科毕业论文而言，由于学生水平较低，需要教师对文章进行多次的教学指导，为学生的论文提供尽可能的支持，从而进一步提升本科毕业论文的水平质量。这其中不仅需要教师的耐心以及较强的责任心，同时对于学生而言也要树立积极的态度，端正心态，提高对毕业论文的重视，积极配合教师的指导方案，虚心学习，对于教师的指导进行及时的反馈。

3.5.6.2　指导次数问题

对于本科生而言，学生的写作水平较低，缺乏论文写作的经验，因此，对于本科毕业论文而言，教师的指导尤为重要。教师通过对学生论文的多次指导，才能较好地指导学生完成毕业论文的撰写工作。较低次数的指导不利于学生对论文中存在问题的深刻理解，学生在这样盲目撰写的情况下，首先失去了论文写作的积极性，对论文写作出现排斥、应付的心理，同时造成本科毕业论文质量的大幅下降。为此，教师应进行多次的论文指导，调动学生的积极性，同时对论文中不足给予多次细致的指导。

3.5.6.3 指导态度问题

从教师自身的情况来看，每位教师应该增强自身的责任感，既然选择了对学生进行论文的指导，就要尽心负责地对论文不足之处提出修改建议，引导学生顺利完成论文写作任务。因此，在指导过程中，严格要求学生，及时给予批评和指导，同时注重对学生专业思维的培养，引导学生的创新思维和独立能力，从而调动学生的积极性。

3.6 成绩分布

3.6.1 指导教师评定成绩

本科毕业论文的成绩由两部分组成，分别是指导教师评定成绩和答辩成绩。研究表明，其中指导教师评定成绩主要侧重于学生完成毕业论文时的工作态度，调查论证，分析和解决问题的能力，专业知识的储备和掌握程度，创新以及毕业论文撰写质量的高低[78]。要求论文立论正确，论据充分，结构完整合理，分析、处理问题科学，结构格式符合毕业论文要求。

根据2021—2024届毕业论文成绩调查分析，统计得出毕业论文指导教师评定平均成绩，如表3-25所示，四届学生的指导教师评定成绩平均分整体呈现下降趋势。其中，2021届与2022届的平均分几乎持平，2023届的平均分略低于前两届，分别稳定在80分以上，而2024届的平均分则显著下降至77.52分。

表3-25 2021—2024届统计学类专业本科毕业论文指导教师评定成绩平均分

单位：分

届次	2021	2022	2023	2024
平均分	81.63	81.72	80.31	77.52

从表3-26中毕业论文指导教师评定成绩的分布和图3-24的动态变化中可以观察到，2021—2023届指导教师评定成绩的各分值区间占比没有出现显著波动，但在

2024届各分值区间占比情况变化程度较大。2021—2023届学生在80～89分区间的占比最高，每届均超过60%，而2024届的这一占比大幅下降至45.25%。在70～79分区间，2021—2023届的占比稳定在30%左右，而2024届则增至45.25%。虽然四届学生中均未出现低于60分的情况，但在90～100分区间，各届学生数量较少，2024届更是仅有1名学生的评定成绩超过了90分。从整体上看，2024届在80分以上的学生占比明显低于前三届，显示出这届统计学类本科生在毕业论文撰写过程中的表现较前几届有所不及。然而，绝大多数学生的指导教师评定成绩仍然在70分以上，表明学生能够保持积极的学术态度，具备较强的问题分析和解决能力，以及良好的专业知识储备，能够达到指导教师的要求。

表3-26 2021—2024届统计学类专业本科毕业论文指导教师评定成绩分布

届次		成绩等级				
		0～59分	60～69分	70～79分	80～89分	90～100分
2021	人数/人	0	5	45	102	10
	比例/%	0	3.09	27.78	62.96	6.17
2022	人数/人	0	1	47	108	8
	比例/%	0	0.61	28.66	65.85	4.88
2023	人数/人	0	9	55	116	9
	比例/%	0	4.76	29.10	61.38	4.76
2024	人数/人	0	16	81	81	1
	比例/%	0	8.94	45.25	45.25	0.56
	合计/人	0	31	228	407	28
	合计比例/%	0	4.47	32.85	58.65	4.03

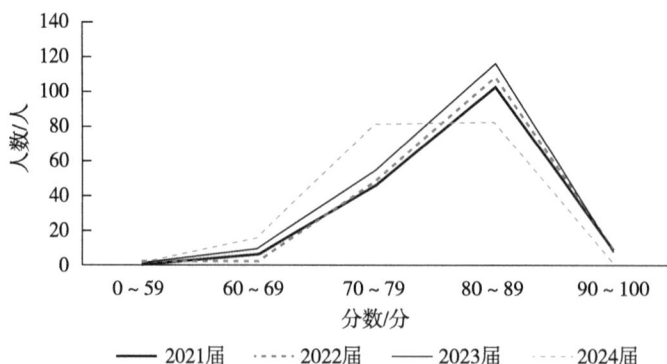

图3-24 2021—2024届统计学类专业本科毕业论文指导教师评定成绩动态变化

3.6.2 答辩成绩

本科毕业论文的成绩除指导教师评定成绩以外，还受答辩情况的影响。毕业论文的答辩环节可以测试学生的思维应变能力和口头表达能力，通过答辩过程中所暴露出来的问题，可以有效检测学生毕业论文的文献调研充分程度、理论掌握程度、数据分析结果、论文结构和行文逻辑等相关方面[79]，这也是论文作者知识得以补充、思路得以扩展、能力得以提高的过程。其中答辩环节的标准主要是判定学生能否简洁正确地叙述论文的主体内容，论文思路和论点是否清晰，基本理论是否正确，对于答辩教师所提出的与论文相关的问题回答是否准确清晰。这个环节在极大程度上需要学生自身的语言表达能力、思维逻辑能力及应变能力，主要体现学生的综合素质能力，可以帮助学生弥补在论文撰写过程中由自身科研能力不足导致的指导教师评定成绩较低的情况。

从表3-27可以看出，2021—2024届学生毕业论文答辩成绩平均分呈逐年下降趋势，从2021届的79.46分下降至2024届的72.6分，这一趋势显著反映出学生在语言表达能力、逻辑思维能力和应变能力方面逐届减弱的现象。

表3-27 2021—2024届统计学类专业本科毕业论文答辩成绩平均分

单位：分

届次	2021	2022	2023	2024
平均分	79.46	76.16	74.47	72.60

结合表3-28的答辩成绩分布和图3-25的动态变化进行分析可以看到，虽然这三届学生中未及格人数为0，但在60～69分区间的学生人数占比呈显著增加，从2021届的1.85%上升至2024届的34.08%。70～79分区间的学生人数占比在2021—2023届逐年增加至53.44%，然而在2024届略有下降至50.84%。80～89分区间的学生人数占比明显下滑，从2021届的54.94%降至2024届的15.08%。总体来看，80～89分区间的学生逐届向60～79分区间流动，2024届尤为显著，其中70～79分区间的学生比例略有下降，表明2024届学生更多地落入60～69分区间。这一现象间接反映出学生在答辩过程中的表述能力和综合素质有所减弱，一般水平的学生比例不断增加，而表述能力和综合素质极佳的学生几乎没有。

表3-28　2021—2024届统计学类专业本科毕业论文答辩成绩分布

届次		成绩等级				
		0～59分	60～69分	70～79分	80～89分	90～100分
2021	人数/人	0	3	69	89	1
	比例/%	0	1.85	42.59	54.94	0.62
2022	人数/人	0	31	77	56	0
	比例/%	0	18.90	46.95	34.15	0
2023	人数/人	0	43	101	45	0
	比例/%	0	22.75	53.44	23.81	0
2024	人数/人	0	61	91	27	0
	比例/%	0	34.08	50.84	15.08	0
	合计/人	0	138	338	217	1
	合计比例/%	0	19.88	48.70	31.27	0.14

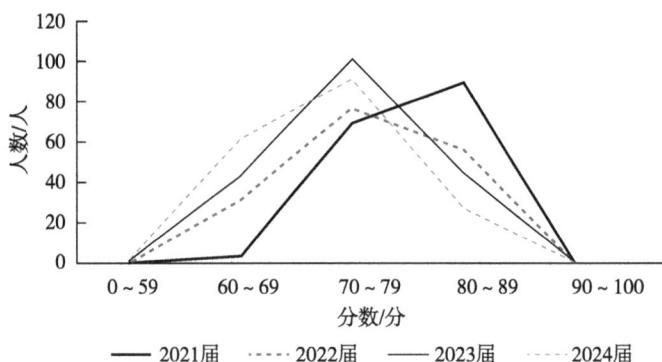

图3-25　2021—2024届统计学类专业本科毕业论文答辩成绩动态变化

3.6.3　指导教师成绩和答辩成绩评定的比较分析

为了探究这两部分评定成绩之间联系和差异及其对总成绩的影响，现在将每级的指导教师评定成绩和答辩成绩的平均分进行比较，如表3-29所示。

表3-29　指导教师和答辩小组评定成绩分析

单位：分

平均分	届次			
	2021	2022	2023	2024
指导教师评定成绩	81.63	81.72	80.31	77.52
答辩成绩	79.46	76.16	74.47	72.60

根据上述数据，四届中指导教师的评定成绩普遍高于答辩小组所分配的成绩分值，显示出评价过程中存在主观因素分值偏高的倾向。现有研究指出，为确保评分公正，毕业论文答辩中指导教师应避免评审本组学生，以防止其对自己指导的学生过分偏袒而导致其他学生受到不公平对待，然而这一措施可能导致不熟悉论文领域的评委难以深入评估关键问题，从而影响评分的准确性[80]。此外，指导教师评定成绩在总成绩中所占比例达60%，这可能使得他们倾向于给予高分以确保学生及格。因此也就导致指导教师给出的成绩要高于答辩成绩的现象。

3.6.4　总成绩

前面对指导教师评定成绩和学生答辩成绩进行了分析，现在将其综合为总成绩进行分析。内蒙古财经大学统计学类本科生的毕业论文总成绩为指导教师评定成绩和答辩成绩的加权平均值，其中指导教师评定成绩占60%，答辩成绩占40%。

根据表3-30可以看出，2021届到2024届的统计学类本科毕业论文总成绩平均分逐届下降，从81分降低至75.56分，反映出论文质量呈现下降趋势。

表3-30　2021—2024届统计学类专业本科毕业论文总成绩平均分

单位：分

届次	2021	2022	2023	2024
平均分	81	79.49	77.97	75.56

再进一步分析表3-31的总成绩分布和图3-26的动态变化，可以看出成绩等级为及格和中的学生人数占比整体上升，特别是成绩等级为中的学生占比在2021—2023届期间显著增加，从2021届的37.65%增至2023届的56.61%，2024届与2023届相比，中等成绩的学生人数占比基本持平。相反，成绩等级为良的学生占比则显著下降，从2021届的61.11%降至2024届的26.82%。总体来看，随着届次增加，成绩等级为良的学生人数和占比不断减少，而及格和中等成绩的学生人数和占比显著增加。这表明成绩等级为良的学生在不断流向及格和中等成绩，进一步反映出统计学类本科毕业论文质量的下降趋势，其中2024届下降尤为明显。尽管四届中没有出现不及格的学生，但优秀成绩等级的学生仅在2022届有两人，其余届次均未出现。

表3-31　2021—2024届统计学类专业本科毕业论文总成绩分布

届次		成绩等级				
		0～59分	60～69分	70～79分	80～89分	90～100分
		（不及格）	（及格）	（中）	（良）	（优）
2021	人数/人	0	2	61	99	0
	比例/%	0	1.23	37.65	61.11	0
2022	人数/人	0	4	78	80	2
	比例/%	0	2.44	47.56	48.78	1.22
2023	人数/人	0	17	107	65	0
	比例/%	0	8.99	56.61	34.39	0
2024	人数/人	0	29	102	48	0
	比例/%	0	16.20	56.98	26.82	0
	合计/人	0	52	348	292	2
	合计比例/%	0	7.49	50.14	42.07	0.29

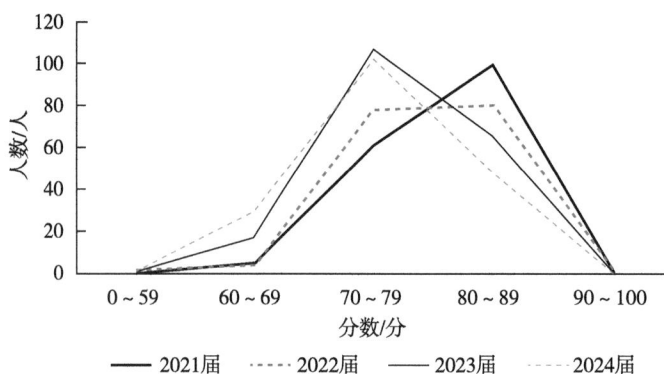

图3-26　2021—2024届统计学类专业本科毕业论文总成绩动态变化

　　综上所述，内蒙古财经大学统计学类本科生在2021—2024届的毕业论文成绩整体呈现下降趋势。这一趋势不仅反映了学生在毕业论文撰写中态度、能力及创新性等方面的问题，也揭示了其在答辩过程中语言表达和思维应变能力的不足。这种变化可能受到多方面因素的影响，如自身专业知识掌握程度不够扎实、学生对论文撰写重要性的认识不足等。因此，为了提高毕业论文的整体质量，建议在教学过程中加强对学生论文写作能力和答辩技能的培养，进一步完善指导教师和答辩小组的评分机制，确保评估的公平与准确等，通过这些措施，可以更好地提升学生的综合素质，确保毕业论文质量的提高。

4 统计学类本科毕业论文质量影响因素的调查分析

4.1 调查方案设计与实施

随着高等教育体系的不断完善和学科建设的深入发展，统计学作为一门重要的应用学科，在数据分析、预测决策等领域发挥着日益重要的作用。作为统计学类本科教育的重要组成部分，毕业论文的质量不仅反映了学生的学术水平和创新能力，也体现了教师的教学质量和学科建设的成效。因此，对统计学类本科毕业论文质量影响因素进行深入的调查和分析，具有重要的理论和实践意义。

在当前的高等教育环境中，毕业论文的质量受到多种因素的影响，包括学生的学术素养、研究能力、写作技能等主观因素，以及教师的指导水平、教学资源等客观因素。为了全面而深入地了解这些影响因素，本章节分别从学生视角和指导教师视角出发，设计并实施一个系统的调查分析。

4.1.1 学生视角下调查方案设计

4.1.1.1 调查目的

随着高等教育体系的不断完善，如何提高本科阶段毕业论文质量已经成为当下大学教育的突出问题。通过本次调查，旨在准确识别学生视角下影响统计学类本科毕业论文质量的关键因素，这些因素涉及写作情况、师生互动、学校组织管理与个人综合评价等多个方面。确认这些影响因素之后，学校、教师等各方面可以针对性地采取有力措施提高本科生毕业论文质量，从而提升统计学类本科毕业论文的整体质量。通过调查，可以更好地了解统计学学科的特殊要求，确保学生的论文符合学科规范。

4.1.1.2 调查意义

研究学生视角下的统计学类本科毕业论文质量影响因素，可以丰富和完善统计学教育领域的理论体系，为毕业论文质量的提升提供理论支撑。同时可以让学校、指导教师等对学生的想法以及需求有更明确的了解，帮助学生更好地完成毕业论文。高质量的毕业论文是学科发展的重要支撑，通过提升论文质量可以促进统计学学科的健康发展。

4.1.1.3　调查对象

本次调查对象是内蒙古财经大学统计与数学学院统计学类各专业本科毕业生，作为毕业论文的直接参与者与书写者，学生的书写情况直接影响到了毕业论文的质量。通过调查可以深入了解学生在论文写作过程中遇到的困难以及影响毕业论文质量的关键因素。

4.1.1.4　调查内容与调查方法

本章节的调查内容包括：学生的基本情况，如专业、导师情况等；学生视角下毕业论文质量影响因素调查，如写作情况、师生互动、学校组织管理及个人满意度等。

在学生视角下，本章节针对统计学类本科毕业论文质量影响因素的调查采用问卷调查法。

4.1.1.5　调查问卷设计

从学生视角来看，毕业论文的完成过程是学生综合运用所学知识，进行独立研究和创作的过程。学生对研究主题的兴趣、对研究方法的掌握、对写作规范的遵循等因素，都将直接影响论文的质量。因此，从学生视角出发进行调查，有助于了解学生在毕业论文完成过程中遇到的困难和问题，以及他们对毕业论文质量的期望和要求。

学生视角下研究统计学类本科毕业论文质量影响因素可以从以下四个方面进行：写作情况、师生互动、学校组织管理和其他。根据这四个方面设计相应问题，收集了学生在毕业论文写作过程中的看法和建议。

写作情况板块共有18个题目，涵盖了写作情况的各个要素，题目包括"您认为本科毕业论文作为本科生一项非常重要的毕业指标有必要吗""您在撰写毕业论文时，尝试使用了前沿的研究方法和视角或者方法上的使用创新"等，对本科生的毕业论文写作情况进行全面了解。

师生互动板块共有6个题目，题目包括"您每周与导师交流的频次""您与指导教师在论文写作过程中采用了哪些互动方式"等，对论文写作过程中与指导教师互动可能存在的影响因素进行了相应调查。

学校组织管理板块共有6个题目，涵盖了论文写作过程中学校组织管理的影响因素，题目包括"您认为学院（学校）的毕业论文指导性文件清晰明确吗""学院（学校）定期组织与毕业论文相关的学术活动（如研讨会、讲座等）"等。

其他板块主要是对学生个人进行调查，包括学生的竞赛经历、擅长使用的软件以及满意度等。在满意度模块又从研究过程满意度、论文成果质量、个人成长、外部反馈以及情感投入五个维度进行研究，分别设计问题。

在研究过程满意度模块，根据书写论文的一般过程提出三个问题——"论文准备、资料收集、数据分析、数据建模等各个环节的满意程度""指导教师在研究过程中给予的支持和指导的满意度"以及"（学校）学院在毕业论文写作的组织管理工作中给予的支持和指导的满意度"。在论文成果质量模块，根据论文的一般要求提出三个问题——"论文内容、结构、逻辑、语言表达等方面的满意度""论文达到预期的研究目标且结论清晰、有说服力"以及"自己的毕业论文具有创新性和学术价值"。在个人成长模块提出两个问题——"通过完成毕业论文，自己在学术能力、研究技能、批判性思维等方面有了显著的提升"以及"论文写作过程中展现的自主性、责任感和问题解决能力"。在外部反馈模块提出"论文在完成过程中获得了导师或指导教师的正面评价和认可"。在情感投入模块提出两个问题——"对毕业论文的整体投入程度和情感满足感"以及"觉得完成论文的过程很有收获和成就感"。将满意程度分为五个等级，非常满意、满意、一般、不满意、非常不满意，分别用5、4、3、2、1进行量化。最后，让学生单独为自己的论文写作过程综合满意度进行打分，共分为四个等级，非常满意、比较满意、一般满意、不满意，分别用4、3、2、1进行量化。

4.1.2 学生视角下调查方案实施

4.1.2.1 前期准备

首先，明确调查目的，明确调查旨在了解学生视角下统计学类本科毕业论文质量的影响因素，以及为提高论文质量提供建议。其次，制定详细的调查计划，包括调查时间、地点、人员分工等。再次，设计调查问卷，确保问卷设计合理、简洁明了。同时，收集相关文献，查阅关于统计学类本科毕业论文质量影响因素的研究文献。构建理论框架，基于文献回顾以及收集到的问卷，构建本次调查问卷的理论框架，明确影响论文质量的主要因素和维度。最后，联系调查对象，通过学校教务部门或指导教师联系到调查对象，并说明调查目的和意义。

4.1.2.2 实施调查

通过问卷星小程序将问卷整理制定后进行发放，首先，向选定的调查对象（即内蒙古财经大学统计与数学学院统计学类各专业本科毕业生）发送调查邀请，说明调查目的、意义和要求。其次，解答疑问，针对调查对象可能提出的疑问和问题，及时进行解答和说明，以便尽快收集到数据。最后，争取调查对象的支持和配合，确保调查工作能够顺利进行。

4.1.2.3 数据整理与结果解读

对收集到的数据进行清洗和整理，剔除无效问卷和异常数据。本次共发放问卷280份，收回问卷255份，回收率91%。其中有效问卷243份，有效率95%。数据收集完毕后，使用统计软件SPSS对数据进行描述性统计分析。根据数据分析结果，对影响毕业论文质量的各种因素进行解读和分析。

根据本研究的研究对象应为统计学相关专业学生，因此该调查问卷发放至内蒙古财经大学2024届统计学相关专业中，包括经济统计学、应用统计学、统计学等。

4.1.3 指导教师视角下调查方案设计

4.1.3.1 调查目的

近年来，如何提高本科毕业论文质量，已经成为当下本科教育的突出问题。通过调查，旨在准确识别指导教师视角下影响统计学类本科毕业论文质量的关键因素。这些因素涉及学术背景、指导方式、时间投入、学术氛围、研究设计、数据质量、文献综述、学术规范等多个方面。识别出这些因素后，学校、教师和学生可以更有针对性地采取措施，从而提升统计学类本科毕业论文的整体质量。同时调查结果可以为教育教学部门提供参考意见，帮助其优化对毕业论文的指导和管理方面的措施，以此确保指导教师在指导写作过程中得到充分的支持和较高的满意度。不同学科对论文质量有不同的要求和标准，通过调查，可以更好地了解统计学学科的特殊要求，确保论文符合学科规范。

4.1.3.2 调查意义

指导教师视角下的统计学类本科毕业论文质量影响的问卷调查结果可以丰富和完善统计学教育领域的理论体系，为毕业论文质量的提升提供理论支撑。同时可以为统计学类本科学生提供明确的写作指导和建议，帮助他们避免常见的问题和误区，提高写作效率和质量。让学生对指导教师的想法有更加明确的认知。高质量的毕业论文是学科发展的重要支撑，通过提升论文质量，可以促进统计学学科的健康发展。

毕业论文是检验本科教育质量的重要环节之一，通过调查并提升论文质量，可以间接提高统计学本科教育的整体质量。指导教师在毕业论文书写的过程中占有举足轻重的作用，更多地了解指导教师的看法，有助于学生书写和学校管理，提高毕业论文质量。

4.1.3.3　调查对象

本次调查对象是内蒙古财经大学统计与数学学院统计学类各专业专任教师，作为毕业论文的指导者和监督者，指导教师对于毕业论文质量有着直接的影响。通过调查他们可以深入了解他们在指导学生过程中关注的质量点、遇到的困难以及他们认为影响本科毕业论文质量的关键因素。

4.1.3.4　调查内容与调查方法

本章节的调查内容包括教师的基本情况，如职称、指导经验、指导人数等；指导教师视角下毕业论文质量影响因素调查，如选题、文献搜索、论文撰写等；教师对学生、学校的满意度等。

在指导教师视角下，本章节针对统计学类本科毕业论文质量影响因素的调查，采用问卷调查法和问卷访谈法。

4.1.3.5　调查问卷设计

本调查问卷共分为五个部分，包括：学术水平、师生互动、观点态度、学校组织管理和本科毕业论文完成满意度。其中，学术水平包括职称、指导毕业论文经验、指导本科毕业论文人数以及指导项目。师生互动包括指导方式、论文撰写过程中资源支持、指导教师与学生交流次数以及论文修改次数、在论文书写过程中教师认为学生所面临的最大困难，对统计学理论、统计学软件的掌握程度和论文写作思路等。观点态度包括指导教师视角下学生毕业论文撰写难度、写作基本规范、影响因素、选题方面等。学校组织管理包括指导教师对学校学术氛围的看法，以及指导教师对学校如何支持毕业论文指导工作、毕业论文审核流程、答辩环节的看法。本科毕业论文完成满意度包括指导教师对毕业论文撰写各个环节的满意度、毕业论文整体质量、创新性、学术价值、整体满意度以及对学校管理工作等的满意度。本问卷共包括33道题目，其中单选题20道，多选题6道，量表题5道，简答题2道。

在进行问卷调查后，随机选取其中15名教师进行问卷访谈，包括指导教师对学校组织管理的建议或意见以及对提高统计学类本科毕业论文质量的建议。

4.1.4 指导教师视角下调查方案实施

4.1.4.1 前期准备

首先，明确调查目的，明确调查旨在了解指导教师视角下统计学类本科毕业论文质量的影响因素，以及为提高论文质量提供建议。其次，制定详细的调查计划，包括调查时间、地点、人员分工等。再次，设计调查问卷，确保问卷设计合理、简洁明了。同时，收集相关文献，查阅关于统计学类本科毕业论文质量影响因素的研究文献。构建理论框架，基于文献回顾以及收集到的问卷，构建本次调查问卷的理论框架，明确影响论文质量的主要因素和维度。最后，联系调查对象，通过学校教务部门联系到调查对象，并说明调查目的和意义。

4.1.4.2 实施调查

通过问卷星小程序将问卷整理制定后进行发放，首先发送调查邀请，向选定的调查对象即内蒙古财经大学统计与数学学院统计学类各专业专任教师，发送调查邀请，说明调查目的、意义和要求。其次，解答疑问，针对调查对象可能提出的疑问和问题，及时进行解答和说明，以便尽快收集到数据。获取支持，争取调查对象的支持和配合，确保调查工作能够顺利进行。

4.1.4.3 数据整理与结果解读

对收集到的数据进行清洗和整理，剔除无效问卷和异常数据。本次共发放问卷50份，收回问卷46份，回收率92%。其中有效问卷44份，有效率96%。数据收集完毕后，使用统计软件SPSS对数据进行描述性统计分析。根据数据分析结果，对影响毕业论文质量的各种因素进行解读和分析。

4.2 学生视角下调查结果分析

4.2.1 调查结果的基本情况与描述性统计分析

本次问卷调查共收回问卷243份,将结果量化后进行描述性统计分析,结果如下所示。

4.2.1.1 基本情况

如表4-1所示,本次问卷调查的所有学生中,导师是教授与副教授的最多,占比各达40.3%;讲师最少,占比19.4%。

表4-1   指导教师职称

指导教师职称	频数/份	比例/%	累计比例/%
教授	98	40.3	40.3
副教授	98	40.3	80.6
讲师	47	19.4	100
合计	243	100	

从表4-2可以看出,参与此次调查的学生总成绩平均排名有70.7%处于所在专业的前50%,处于后50%的占29.3%。

表4-2   学业总成绩平均排名

平均排名	频数/份	比例/%	累计比例/%
前25%	82	33.7	33.7
前50%	90	37.0	70.7
前75%	52	21.4	92.1
后25%	19	7.9	100
合计	243	100	

4.2.1.2 写作情况

据表4-3所示,近一半(49%)的学生认为毕业论文作为本科生一项非常重要的毕业指标是有必要的。因此我们可以认为,在大多数学生心中毕业论文对整个本科阶段来说十分重要。

表4-3 毕业论文作为重要指标的必要性

必要性	频数/份	比例/%	累计比例/%
完全没必要	23	9.5	9.5
没必要	37	15.2	24.7
无所谓	30	12.3	37.0
有必要	119	49.0	86.0
非常有必要	34	14.0	100
合计	243	100	

从表4-4可以看出，76.6%的学生对毕业论文的写作规范有着较为清晰的了解，剩下23.4%的学生则了解欠佳。

表4-4 对毕业论文写作规范的了解情况

了解情况	频数/份	比例/%	累计比例/%
非常不了解	3	1.2	1.2
不了解	3	1.2	2.4
一般了解	51	21.0	23.4
了解	148	60.9	84.3
非常了解	38	15.7	100
合计	243	100	

由表4-5可知，个人兴趣、写作经验、时间管理、反馈批评、写作环境、奖励激励及外部压力均对学生个人写作态度有着较大或非常大的影响。因此可以认为以上几种因素是影响毕业论文质量的重要因素。

表4-5 各种因素对写作态度的影响程度

因素	非常大影响	较大影响	中等影响	较小影响	没有影响
个人兴趣	41	97	73	19	13
写作经验	56	99	68	12	8
时间管理	46	113	69	6	9
反馈批评	56	104	61	11	11
写作环境	42	78	81	29	13
奖励激励	47	86	71	28	11
外部压力	69	90	63	11	10

从图4-1可以看出，大部分的学生认为自己的能力一般或不足以完成毕业论文，仅有1人认为自己的能力完全足够完成毕业论文。

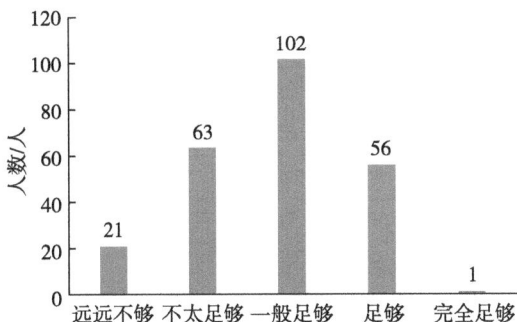

图4-1 学科专业能力是否足够完成毕业论文

从图4-2能清晰地看到，55%的学生都比较重视选题时题目的研究意义。仅有6%的学生不太重视或非常不重视其研究意义。

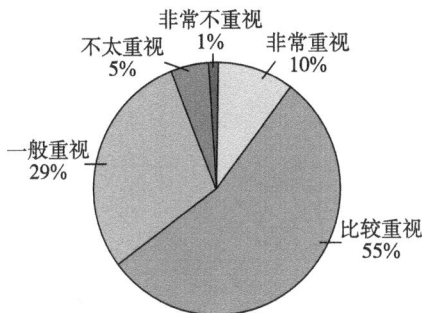

图4-2 选择论文课题时对其研究意义的重视程度

据图4-3所示，大部分学生用1～3个月完成毕业论文，其次是4～6个月完成，仅有个别学生完成论文的时间过短（1个月以内）或过长（7～12个月）。

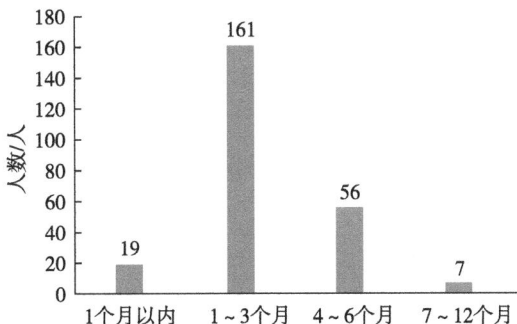

图4-3 完成毕业论文所用时间

从表4-6可以了解到，同学在论文写作过程中有时制订计划占比最高，达46.9%；其次是经常制订计划，占26.3%；最后是很少制订计划，占18.5%。

表4-6　是否制订详细计划

制订情况	频数/份	比例/%	累计比例/%
从未制订	6	2.5	2.5
很少制订	45	18.5	21.0
有时制订	114	46.9	67.9
经常制订	64	26.3	94.2
总是制订	14	5.8	100
合计	243	100	

从图4-4可以看到，本次调查对象中，毕业论文题目来源为教师指定与自选题目占比大致相同，仅有1位同学题目来源为其他。

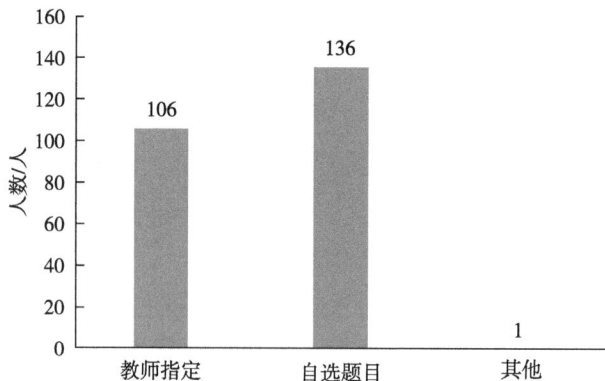

图4-4　题目来源

根据表4-7中数据显示，一半以上的学生认为自己的论文选题难度一般，可以通过努力很好地完成自己的论文，27.2%的学生认为自己的论文选题比较困难，完成起来不容易。

表4-7　选题难度

选题难度	频数/份	比例/%	累计比例/%
非常容易	3	1.2	1.2
比较容易	27	11.1	12.3
一般难度	138	56.8	69.1
比较困难	66	27.2	96.3

选题难度	频数/份	比例/%	累计比例/%
非常困难	9	3.7	100
合计	243	100	

从表4-8可以看出，58.8%的学生在撰写论文前做了比较充足的准备；仅有5.3%的学生没有进行太多的准备。

表4-8　撰写论文前是否进行充足的准备

符合情况	频数/份	比例/%	累计比例/%
完全不符合	2	0.8	0.8
不太符合	11	4.5	5.3
一般符合	65	26.7	32.0
比较符合	143	58.8	90.8
完全符合	22	9.2	100
合计	243	100	

据表4-9显示：52.7%的学生认为评选优秀论文并不是认真撰写的理由之一；26.7%的学生认为评选优秀论文是他们认真撰写的理由；20.6%的学生不会因为评选优秀论文而认真撰写。

表4-9　是否会为了评选优秀论文而认真撰写

符合情况	频数/份	比例/%	累计比例/%
完全不符合	14	5.8	5.8
不太符合	36	14.8	20.6
一般符合	128	52.7	73.3
比较符合	48	19.8	93.1
完全符合	17	6.9	100
合计	243	100	

4.2.1.3　师生互动

据表4-10可知，59.3%的学生每周与导师交流1~2次，其次是23.5%的学生每周与导师交流3~4次，仅有1.2%的学生不与导师交流。

表4-10 每周与导师的交流频次

交流频次	频数/份	比例/%	累计比例/%
0次	3	1.2	1.2
1~2次	144	59.3	60.5
3~4次	57	23.5	84.0
5次及以上	39	16.0	100
合计	243	100	

由表4-11可知,92.2%的学生都认为在请教导师的过程中导师都认真对待。仅有7.8%的学生认为导师非常不认真、不认真或一般认真。

表4-11 请教导师的过程中导师的态度

导师态度	频数/份	比例/%	累计比例/%
非常认真	139	57.2	57.2
认真	85	35.0	92.2
一般认真	17	7.0	99.2
不认真	1	0.4	99.6
非常不认真	1	0.4	100
合计	243	100	

本题为多选题,从表4-12的统计情况可以看出,导师在"论文撰写与修改""研究方向与选题"与"研究方法与实验设计"方面的帮助较大;在"心理支持与鼓励"等方面的帮助相对较小。

表4-12 导师在哪些方面帮助较大

导师帮助方面	频数/份
研究方向与选题	168
文献综述资料收集	104
研究方法实验设计	150
论文撰写与修改	204
时间管理进度监控	93
心理支持与鼓励	44
学术交流与拓展	60

从表4-13可以看出，大多数学生认为导师在指导中存在的问题是"指导学生数量过多导致指导力度不够"，其他方面的问题发生的频率较低。

表4-13 导师在指导中存在哪些问题

存在的问题	频数/份
没有及时辅导	48
忙于个人的事而忽略学生	35
专业学术素养有待提高	24
论文题目设置独断，缺乏民主性	21
指导学生数量过多导致指导力度不够	105
其他	68

4.2.1.4 学校组织管理

据表4-14可知，47.3%的人认为指导文件比较清晰，31.3%的人认为指导文件一般清晰。因此，建议学校或学院对其指导文件进行进一步的优化，以方便师生阅读。

表4-14 学校（学院）关于毕业论文指导文件清晰程度

清晰程度	频数/份	比例/%	累计比例/%
非常不清晰	3	1.2	1.2
不太清晰	21	8.6	9.8
一般清晰	76	31.3	41.1
比较清晰	115	47.3	88.4
非常清晰	28	11.6	100
合计	243	100	

从表4-15可以看出，学校或学院组织学术活动并不多，可以适当增加学术活动的组织次数以让学生有更好的学习例子。

表4-15 学校（学院）定期组织学术活动情况

组织活动情况	频数/份	比例/%	累计比例/%
从未组织	16	6.6	6.6
偶尔组织	57	23.5	30.1

组织活动情况	频数/份	比例/%	累计比例/%
有时组织	89	36.6	66.7
较多组织	57	23.5	90.2
经常组织	24	9.8	100
合计	243	100	

据表4-16显示，83.6%的学生认为自己周围的学术氛围处于中等偏上水平。没有学生认为自己周围不存在学术氛围。

表4-16　您周围的学术氛围

学术氛围	频数/份	比例/%	累计比例/%
非常浓厚	23	9.5	9.5
比较浓厚	94	38.7	48.2
一般浓厚	109	44.9	93.1
不太浓厚	17	6.9	100
几乎无氛围	0	0	100
合计	243	100	

从表4-17可以看出，认为学校中资源一般及以上的学生占比高达88.9%，因此可以认为学校的学习资源较为充足。

表4-17　学校中图书馆/自习室等资源是否充足及易于使用

资源是否充足	频数/份	比例/%	累计比例/%
非常不充足	4	1.6	1.6
不太充足	23	9.5	11.1
一般充足	74	30.5	41.6
比较充足	100	41.2	82.8
非常充足	42	17.2	100
合计	243	100	

据表4-18可以得出，81.1%的学生认为学校论文审核与答辩严格程度处于比较严格与非常严格的水平，这表明学校在对待毕业论文的态度上较为严格。

表 4-18　学校的论文审核与答辩严格程度

严格程度	频数/份	比例/%	累计比例/%
非常不严格	0	0	0
不太严格	10	4.1	4.1
一般严格	36	14.8	18.9
比较严格	130	53.5	72.4
非常严格	67	27.6	100
合计	243	100	

4.2.2　调查问卷结果的信度分析与效度检验

信度即可靠性，它是指采用同样的方法对同一对象重复测量时所得结果的一致性程度。信度指标多以相关系数表示，大致可分为三类：稳定系数（跨时间的一致性），等值系数（跨形式的一致性）和内在一致性系数（跨项目的一致性）。信度分析的方法主要有以下四种：重测信度法、复本信度法、折半信度法、α 信度系数法。

Cronbach's α 信度系数是最常用的信度系数，其公式为

$$\alpha = \frac{k}{k-1} \times \left(1 - \frac{\sum S_i^2}{S_t^2}\right) \tag{4-1}$$

其中，k 为量表中题项总数，S_i^2 为第 i 题得分的题内方差，S_t^2 为全部题项总得分的方差。总量表的信度系数最好在0.8以上，0.7 ~ 0.8之间可以接受；分量表的信度系数最好在0.7以上，0.6 ~ 0.7还可以接受。Cronbach's α 系数如果在0.6以下就要考虑重新编制问卷。

对本问卷结果进行信度分析，采用Cronbach's α 信度系数检验，其检验结果如表4-19所示，本问卷结果的 Cronbach's α 系数值为0.948，说明本问卷的信度良好。

表 4-19　Cronbach's α 系数表

Cronbach's α 系数	标准化Cronbach's α 系数	项数	样本数
0.948	0.949	11	243

效度分析用于研究题是否有效地表达研究变量或维度的概念信息，通俗地讲，即研究题设计是否合理或题表示某个变量是否合适。通常情况下，效度分析只能分析量表题。

巴特利特（Bartlett）球形检验是一种检验各个变量之间相关性程度的检验方法。一般在做因子分析之前都要进行巴特利特球形检验，用于判断变量是否适合用于作因子分析。巴特利特球形检验是以变量的相关系数矩阵为出发点的。它的零假设相关系数矩阵是一个单位阵，即相关系数矩阵对角线上的所有元素都是1，所有非对角线上的元素都为0。巴特利特球形检验的统计量是根据相关系数矩阵的行列式得到的。如果该值较大，且其对应的相伴概率值小于用户心中的显著性水平，那么应该拒绝零假设，认为相关系数不可能是单位阵，即原始变量之间存在相关性，适合作因子分析。

利用本问卷数据进行效度分析，结果如表4-20所示，从表中可以看到KMO系数为0.915，说明问卷的结构效度良好；巴特利球形检验的显著性小于0.05，认为该问卷具有良好的结构效度。

表4-20　效度分析

Kaiser-Meyer-Olkin 测量取样适当性		0.915
Bartlett球形检验	大约卡方	2289.495
	df	55
	显著性	0.000

4.2.3　满意度视角下调查问卷结果的列联分析与卡方检验

列联分析通常用来分析一个分类变量与其他变量之间是否存在关联，以及关联的紧密程度如何。对关联性问题的处理称为独立性检验，通过交叉列联表和c2检验进行列联分析。交叉列联表分为二维表与三维表两种，二维交叉表可以进行卡方检验，三维交叉表可以做Mentel-Hanszel分层分析。本章节以完成论文的综合满意度为分类变量，观察其与其他变量之间的关系，构建二维列联表如表4-21所示。

表4-21　列联表

题目	名称	满意6、您在完成论文过程中的综合满意度是？					总计
		不满意	满意	一般	非常满意	非常不满意	
您对以下内容的满意度。论文准备、资料收集、数据分析、数据建模等环节	1.0	2(33.333%)	0(0)	2(33.333%)	0(0)	2(33.333%)	6
	2.0	0(0)	2(40%)	3(60%)	0(0)	0(0)	5
	3.0	3(2.97%)	41(40.594%)	47(46.535%)	9(8.911%)	1(0.99%)	101
	4.0	1(0.885%)	82(72.566%)	19(16.814%)	10(8.85%)	1(0.885%)	113
	5.0	0(0)	8(44.444%)	5(27.778%)	5(27.778%)	0(0)	18

续　表

题目	名称	满意6、您在完成论文过程中的综合满意度是?					总计
		不满意	满意	一般	非常满意	非常不满意	
总计		6	133	76	24	4	243
指导教师在研究过程中给予的支持和指导	1.0	1(50%)	0(0)	1(50%)	0(0)	0(0)	2
	2.0	0(0)	0(0)	3(100%)	0(0)	0(0)	3
	3.0	3(5.357%)	18(32.143%)	29(51.786%)	4(7.143%)	2(3.571%)	56
	4.0	1(0.909%)	72(65.455%)	32(29.091%)	5(4.545%)	0(0)	110
	5.0	1(1.389%)	43(59.722%)	11(15.278%)	15(20.833%)	2(2.778%)	72
总计		6	133	76	24	4	243
学院（学校）在毕业论文写作的组织管理工作中给予的支持和指导	1.0	1(50%)	0(0)	1(50%)	0(0)	0(0)	2
	2.0	0(0)	1(25%)	3(75%)	0(0)	0(0)	4
	3.0	3(4.348%)	22(31.884%)	39(56.522%)	3(4.348%)	2(2.899%)	69
	4.0	2(1.695%)	82(69.492%)	25(21.186%)	8(6.78%)	1(0.847%)	118
	5.0	0(0)	28(56%)	8(16%)	13(26%)	1(2%)	50
总计		6	133	76	24	4	243
论文内容、结构、逻辑、语言表达等方面的满意度	1.0	1(33.333%)	0(0)	2(66.667%)	0(0)	0(0)	3
	2.0	0(0)	1(50%)	0(0)	0(0)	1(50%)	2
	3.0	3(3.846%)	24(30.769%)	45(57.692%)	4(5.128%)	2(2.564%)	78
	4.0	1(0.826%)	90(74.38%)	21(17.355%)	9(7.438%)	0(0)	121
	5.0	1(2.564%)	18(46.154%)	8(20.513%)	11(28.205%)	1(2.564%)	39
总计		6	133	76	24	4	243
论文写作过程中展现的自主性、责任感和问题解决能力	1.0	1(50%)	0(0)	1(50%)	0(0)	0(0)	2
	2.0	0(0)	0(0)	1(50%)	0(0)	1(50%)	2
	3.0	3(3.947%)	23(30.263%)	45(59.211%)	3(3.947%)	2(2.632%)	76
	4.0	2(1.587%)	91(72.222%)	23(18.254%)	9(7.143%)	1(0.794%)	126
	5.0	0(0)	19(51.351%)	6(16.216%)	12(32.432%)	0(0)	37
总计		6	133	76	24	4	243
对毕业论文的整体投入程度和情感满足感	1.0	1(50%)	0(0)	1(50%)	0(0)	0(0)	2
	2.0	1(33.333%)	0(0)	2(66.667%)	0(0)	0(0)	3
	3.0	2(3.03%)	15(22.727%)	42(63.636%)	4(6.061%)	3(4.545%)	66
	4.0	1(0.763%)	97(74.046%)	25(19.084%)	7(5.344%)	1(0.763%)	131
	5.0	1(2.439%)	21(51.22%)	6(14.634%)	13(31.707%)	0(0)	41

题目	名称	满意6、您在完成论文过程中的综合满意度是？					总计
		不满意	满意	一般	非常满意	非常不满意	
总计		6	133	76	24	4	243
您对以下内容的看法。论文达到预期的研究目标且结论清晰、有说服力	1.0	2（66.667%）	0（0）	1（33.333%）	0（0）	0（0）	3
	2.0	0（0）	0（0）	1（50%）	0（0）	1（50%）	2
	3.0	4（5.063%）	20（25.316%）	48（60.759%）	5（6.329%）	2（2.532%）	79
	4.0	0（0）	102（79.688%）	18（14.062%）	8（6.25%）	0（0）	128
	5.0	0（0）	11（35.484%）	8（25.806%）	11（35.484%）	1（3.226%）	31
总计		6	133	76	24	4	243
自己的毕业论文具有创新性和学术价值	1.0	1（25%）	0（0）	3（75%）	0（0）	0（0）	4
	2.0	1（16.667%）	1（16.667%）	4（66.667%）	0（0）	0（0）	6
	3.0	4（3.509%）	51（44.737%）	50（43.86%）	6（5.263%）	3（2.632%）	114
	4.0	0（0）	76（76.768%）	13（13.131%）	10（10.101%）	0（0）	99
	5.0	0（0）	5（25%）	6（30%）	8（40%）	1（5%）	20
总计		6	133	76	24	4	243
通过完成毕业论文，自己在学术能力、研究技能、批判性思维等方面有了显著的提升	1.0	1（33.333%）	0（0）	2（66.667%）	0（0）	0（0）	3
	2.0	0（0）	0（0）	2（66.667%）	0（0）	1（33.333%）	3
	3.0	3（4.225%）	19（26.761%）	42（59.155%）	5（7.042%）	2（2.817%）	71
	4.0	2（1.515%）	99（75%）	22（16.667%）	8（6.061%）	1（0.758%）	132
	5.0	0（0）	15（44.118%）	8（23.529%）	11（32.353%）	0（0）	34
总计		6	133	76	24	4	243
论文在完成过程中获得了导师或指导教师的正面评价和认可	1.0	1（50%）	0（0）	1（50%）	0（0）	0（0）	2
	2.0	0（0）	0（0）	4（66.667%）	1（16.667%）	1（16.667%）	6
	3.0	3（4.412%）	15（22.059%）	45（66.176%）	3（4.412%）	2（2.941%）	68
	4.0	2（1.667%）	92（76.667%）	18（15%）	8（6.667%）	0（0）	120
	5.0	0（0）	26（55.319%）	8（17.021%）	12（25.532%）	1（2.128%）	47
总计		6	133	76	24	4	243

利用该列联表进行卡方检验，检验其行变量与列变量是否独立。

1.提出原假设：行变量与列变量独立。

2.计算检验统计量，列联表分析中卡方检验的检验统计量是Pearson卡方统计量，其数学定义为：

$$\chi^2 = \sum_{i=1}^{r} \sum_{j=1}^{c} \frac{\left(f_{ij}^o - f_{ij}^e\right)^2}{f_{ij}^e} \tag{4-2}$$

其中，r为列联表的行数；c为列联表的列数；f_{ij}^o为观测频数；f_{ij}^e为期望频数；期望频数的计算方法：

$$f_{ij}^e = \frac{RT \times CT}{n} \tag{4-3}$$

RT为指定单元格所在行的观测频数合计；CT为指定单元格所在列的观测频数合计；n为观察频数的总计。

根据这一理论算法，利用SPSS进行卡方检验，检验结果如表4-22所示，从表中可以看出，所有行变量的显著性P值均为0.000***，水平上呈现显著性，因此拒绝原假设，认为所有的行变量与列变量均不独立，所有的行变量与列变量均存在显著性差异。

表4-22　卡方分析

题目	检验方法	χ^2	P
您对以下内容的满意度。论文准备、资料收集、数据分析、数据建模等环节	Pearson卡方检验	100.307	0.000***
指导教师在研究过程中给予的支持和指导	Pearson卡方检验	67.181	0.000***
学院（学校）在毕业论文写作的组织管理工作中给予的支持和指导	Pearson卡方检验	76.526	0.000***
论文内容、结构、逻辑、语言表达等方面的满意度	Pearson卡方检验	107.927	0.000***
论文写作过程中展现的自主性、责任感和问题解决能力	Pearson卡方检验	120.047	0.000***
对毕业论文的整体投入程度和情感满足感	Pearson卡方检验	117.716	0.000***
您对以下内容的看法。论文达到预期的研究目标且结论清晰、有说服力	Pearson卡方检验	177.897	0.000***
自己的毕业论文具有创新性和学术价值	Pearson卡方检验	81.141	0.000***
通过完成毕业论文，自己在学术能力、研究技能、批判性思维等方面有了显著的提升	Pearson卡方检验	108.249	0.000***
觉得完成论文的过程虽然艰辛但充满收获和成就感	Pearson卡方检验	156.104	0.000***
论文在完成过程中获得了导师或指导教师的正面评价和认可	Pearson卡方检验	117.921	0.000***

对卡方分析的结果进行效应量化分析，计算 Phi、Cramer's V、列联系数、Lambda，用于分析样本的相关程度，在呈现出显著性差异的前提下，结合分析效应量指标对差异性进行量化分析。

其中 Phi 相关系数的大小，表示两样本之间的关联程度。当 Phi 系数小于 0.3 时，表示相关较弱；当 Phi 系数大于 0.6 时，表示相关较强；Cramer's V 表示当两个变量相互独立时，V=0，当数据中只有 2 个二分类变量时，Cramer's V 系数的结果与 Phi 相同；列联系数，简称 C 系数，用于 3×3 或 4×4 交叉表，但其受行列数的影响，随着 R 和 C 的增大而增大。因此根据不同的行列和计算的列联系数不便于比较，除非两个列联表中行数和列数一致；Lambda 用于反映自变量对因变量的预测效果，一般情况下，其值为 1 时表示自变量预测因变量效果较好，为 0 时表明自变量预测因变量效果较差。

效应量化分析表如表 4-23 所示，根据该列联表的结构特征，本研究选取 Cramer's V 来对各因素进行量化分析。从表中可以看出，各因素的 Cramer's V 系数处于 0.2~0.4，因此，各行变量均与列变量存在中等程度差异。

表4-23　效应量化分析

字段名/分析项	Phi	Cramer's V	列联系数	Lambda
您对以下内容的满意度。论文准备、资料收集、数据分析、数据建模等环节	0.642	0.321	0.541	0.238
指导教师在研究过程中给予的支持和指导	0.526	0.263	0.465	0.105
学院（学校）在毕业论文写作的组织管理工作中给予的支持和指导	0.561	0.281	0.489	0.168
论文内容、结构、逻辑、语言表达等方面的满意度	0.666	0.333	0.555	0.246
论文写作过程中展现的自主性、责任感和问题解决能力	0.703	0.351	0.575	0.231
对毕业论文的整体投入程度和情感满足感	0.696	0.348	0.571	0.232
您对以下内容的看法。论文达到预期的研究目标且结论清晰、有说服力	0.856	0.428	0.650	0.339
自己的毕业论文具有创新性和学术价值	0.578	0.289	0.5.00	0.225
通过完成毕业论文，自己在学术能力、研究技能、批判性思维等方面有了显著的提升	0.667	0.334	0.555	0.225
觉得完成论文的过程虽然艰辛但充满收获和成就感	0.801	0.401	0.625	0.344
论文在完成过程中获得了导师或指导教师的正面评价和认可	0.697	0.348	0.572	0.276

4.2.4 满意度视角下调查问卷结果的两步聚类

两步聚类算法是在SPSS Modeler中使用的一种聚类算法，是BIRCH层次聚类算法的改进版本。可以应用于混合属性数据集的聚类，同时加入了自动确定最佳簇数量的机制，使得方法更加实用。

两步聚类顾名思义分为两个阶段，第一阶段为预聚类阶段，采用BIRCH算法中CF树生长的思想，逐个读取数据集中的数据点，在生成CF树的同时，预先聚类密集区域的数据点，形成诸多小的子簇；第二阶段为聚类阶段，以预聚类阶段的结果子簇为对象，利用凝聚法逐个地合并子簇，直到达到期望的簇数量。

利用SPSS对本问卷数据进行两步聚类，自动聚类结果如表4-24所示，该表展示了不同聚类数目下的BIC、BIC变化量、BIC变化比例与距离测量比例数据。根据这一表格中的内容，SPSS自动综合以上指标数据，得出最佳的聚类数目为2。

表4-24　自动聚类透视表

聚类数目	BIC	BIC 变更a	BIC 变更的比例b	距离测量值的比例c
1	2496.529			
2	1966.322	−530.207	1.000	2.626
3	1849.431	−116.891	0.220	1.596
4	1827.467	−21.964	0.041	1.436
5	1853.855	26.389	−0.050	1.046
6	1885.128	31.272	−0.059	1.341
7	1943.378	58.250	−0.110	1.491
8	2027.651	84.274	−0.159	1.171
9	2119.678	92.027	−0.174	1.095
10	2215.644	95.966	−0.181	1.165
11	2317.466	101.822	−0.192	1.109
12	2422.765	105.300	−0.199	1.316
13	2535.764	112.999	−0.213	1.013
14	2649.071	113.307	−0.214	1.013
15	2762.688	113.617	−0.214	1.052

根据该自动聚类透视表结果，SPSS得出了一个聚类数目为2的聚类结果，如表4-25所示，其中，聚类1包含86个个案，占比35.4%；聚类2包含157个个案，占比64.6%。

表4-25 聚类结果

		频数/份	占总计的比例/%
聚类	1	86	35.4
	2	157	64.6
	合计	243	100
总计		243	100

二阶聚类的结果如图4-5所示，该模型执行了两步聚类，输入了12个变量，得到了2个簇且聚类质量良好。

模型概要

演算法	两步骤
输入	12
集群	2

集群品质

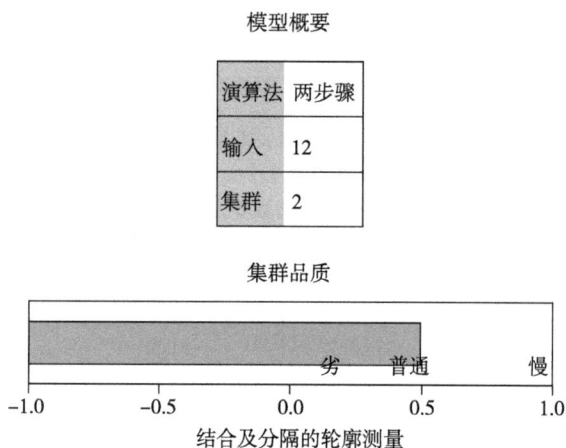

图4-5 模型概要与聚类质量

依据聚类结果，SPSS可以分析各项指标对满意度的重要性，可视化结果如图4-6所示，从图中可以看出，除"自己的毕业论文具有创新性和学术价值"外，其余各指标的重要性均大于0.5，故认为各指标对满意度的影响均很重要。但详细来看，相对来说对满意度影响较大的指标是"觉得完成论文的过程虽然艰辛但充满收获和成就感"与"论文达到预期的研究目标且结论清晰、有说服力"，其重要性几乎均达到了1.0；相对来说对满意度影响较小的指标是"自己的毕业论文具有创新性和学术价值"，重要性不到0.6。

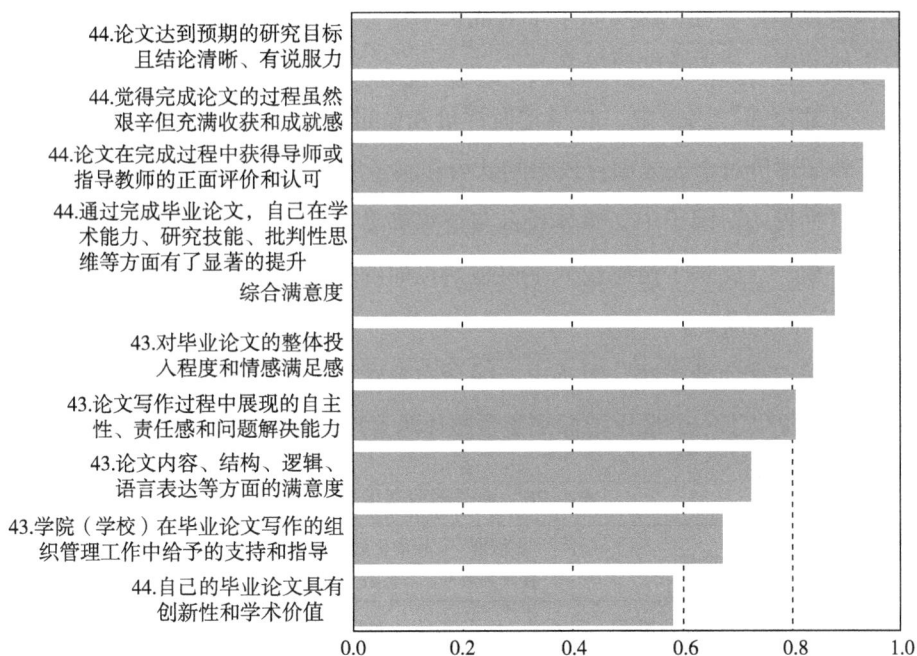

图 4-6　预测变量重要性

4.2.5　满意度视角下调查问卷结果的结构方程模型

SEM结构方程模型是一种基于因子分析、线性回归方法，用于分析错综复杂变量之间路径关系的一种模型。与线性回归不同的是，SEM是以量表为单位的，也就是将量表通过因子分析降维成1个主成分再进行路径分析。

对本问卷进行结构方程模型的建立，通过改变不同路径探究路径是否有效，建立结构方程模型。输出其因子载荷系数表如表4-26所示，因子载荷系数反映了各个变量对其所属因子的贡献程度，同时结合统计检验的显著性水平，为我们研究变量间关系提供了帮助。

在"研究过程满意度"因子中，对指导教师满意度、学院工作满意度以及论文准备等满意度均显示出较高的标准化载荷系数，且均达到显著水平（P<0.001），表明这些变量在衡量研究过程满意度时具有重要影响。

在"论文成果质量"因子中，论文内容等满意度、达到预期且结果清晰以及具有创新性和学术价值等变量均呈现出显著的载荷系数，说明这些方面在评价论文成果质量时占据重要地位。

在"个人成长"因子中，学术能力等方面的提升以及自主性等满意度显示出较高的载荷系数和显著性，这反映了个人成长不仅体现在学术能力的提升上，还体现在对自主性的满足和满意度的提升上。

在"外部反馈"因子中，获得正面评价和认可这一变量具有显著的载荷系数，这突出了外部评价对个人或项目成果的认可和满意度的重要影响。

在"情感投入"因子中，整体投入与情感满足以及艰辛但充满收获均表现出较高的载荷系数，这反映了情感投入不仅包括正面的情感体验，还包括对过程艰辛但成果显著的认同和满足。

最后，在"综合满意度"因子中，综合满意度量化这一变量具有显著的载荷系数，这为我们提供了一个量化指标来衡量整体满意度水平。

表4-26 因子载荷系数表

因子	变量	非标准载荷系数	标准化载荷系数	z	S.E.	P
研究过程满意度	对指导教师满意度	1	0.777	—	—	—
	学院工作满意度	1.084	0.868	14.504	0.075	0.000***
	论文准备等满意度	0.871	0.712	11.492	0.076	0.000***
论文成果质量	论文内容等满意度	1	0.842	—	—	—
	达到预期且结果清晰	0.949	0.833	16.249	0.058	0.000***
	具有创新性和学术价值	0.803	0.687	12.181	0.066	0.000***
个人成长	学术能力等方面的提升	1	0.825	—	—	—
	自主性等满意度	1.045	0.874	17.117	0.061	0.000***
外部反馈	获得正面评价和认可	1	0.801	—	—	—
情感投入	整体投入与情感满足	1	0.838	—	—	—
	艰辛但充满收获	1.084	0.869	16.927	0.064	0.000***
综合满意度	综合满意度量化	1	0.740	—	—	—

注：***、**、*分别代表1%、5%、10%的显著性水平。

绘制模型回归系数表如表4-27所示，检验路径是否有效。从表中可以看出，基于配对项研究过程满意度→论文成果质量，显著性P值为0.000***，水平上呈现显著性，则拒绝原假设，因此该路径有效，其影响系数为0.49。基于配对项情感投入→论文成果质量，显著性P值为0.000***，水平上呈现显著性，则拒绝原假设，因此该路径有效，其影响系数为0.512。基于配对项论文成果质量→个人成长，显著性P值为0.000***，水平上呈现显著性，则拒绝原假设，因此该路径有效，其影响系数为0.804。基于配对项个人成长→综合满意度，显著性P值为0.000***，水平上呈现显著性，则拒绝原假设，因此该路径有效，其影响系数为0.733。基于配对项情感投入→外部反馈，显著性P值为0.000***，水平上呈现显著性，则拒绝原假设，因此该路径有效，其影响系数为1.000。

表4-27　模型回归系数

Factor（潜变量）	→	分析项（显变量）	非标准化系数	标准化系数	标准误	Z	P
研究过程满意度	→	论文成果质量	0.502	0.490	0.120	4.179	0.000***
情感投入	→	论文成果质量	0.533	0.512	0.121	4.419	0.000***
论文成果质量	→	个人成长	0.765	0.804	0.193	3.974	0.000***
外部反馈	→	个人成长	0.198	0.205	0.193	1.029	0.303
个人成长	→	综合满意度	0.621	0.733	0.069	8.961	0.000***
情感投入	→	外部反馈	1.023	1.000	0.069	14.749	0.000***

注：***、**、*分别代表1%、5%、10%的显著性水平。

为研究模型拟合优劣程度，对其指标进行测度，包括卡方自由度比、拟合优度指数、近似误差均方根进行计算，计算结果如表4-28所示，从表中可以看出，本模型拟合结果未达到最优标准但相差无几，因此认为本模型拟合较优。

表4-28　模型拟合指标

χ^2	df	P	卡方自由度比	GFI	RMSEA
—	—	>0.05	<3	>0.9	<0.10
325.796	47	0.000***	6.932	0.866	0.157

注：***、**、*分别代表1%、5%、10%的显著性水平。

最终，绘制结构方程模型路径图如图4-7所示，以便更清晰地看到其结构。从图中可以看出，前文中关于满意度构建的五个维度的作用如下：研究过程满意度和情感投入共同作用于论文成果质量，其影响系数总计为1.002；论文成果质量又作用于个人成长，影响系数为0.804；个人成长最终作用于综合满意度，影响系数为0.733。

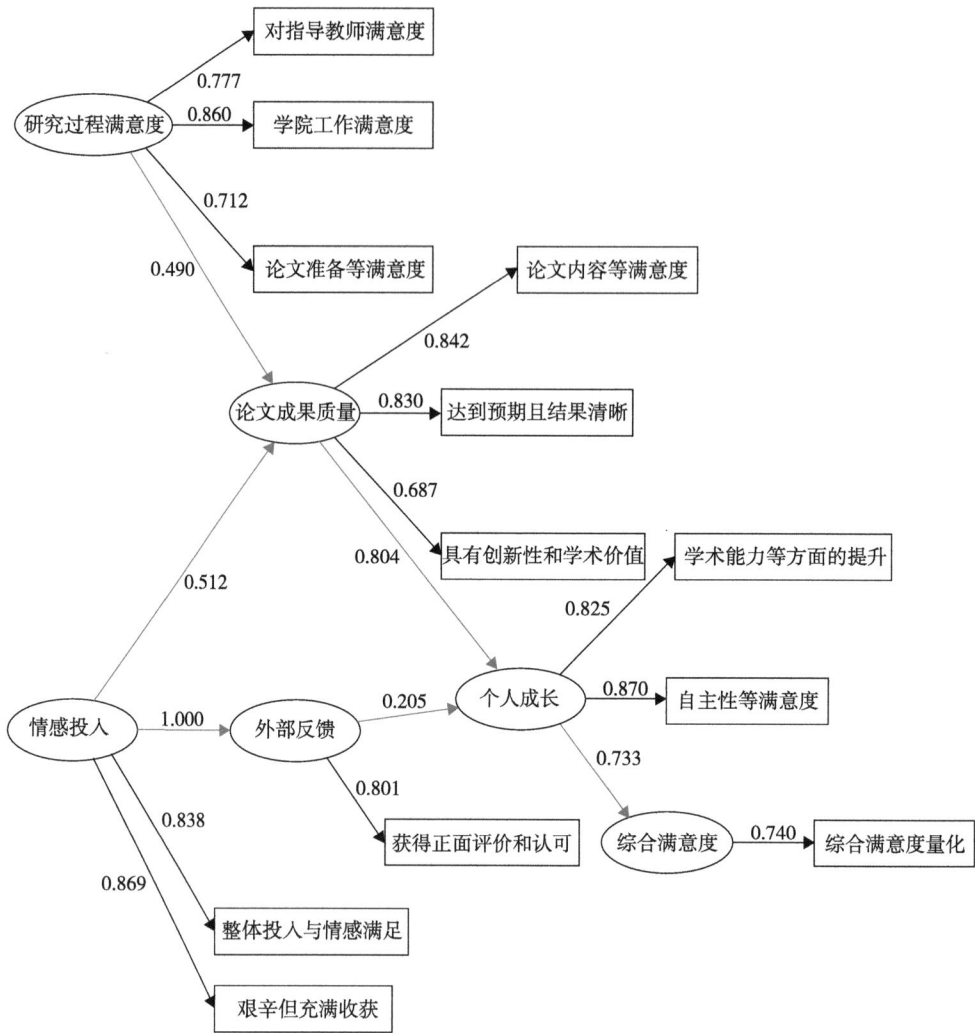

图 4-7 结构方程路径图

4.2.6 基于有序 Logistic 模型的实证分析

4.2.6.1 模型介绍

有序 Logistic 回归模型是有序分类回归模型中的一种，是用于处理有序分类变量的统计分析方法，当被解释变量表现为有顺序的数据时，就可以运用有序 Logistic 模型来分析。

有序 Logistic 回归模型的基本原理：通过构建一个线性模型来预测有序分类变量的概率。其核心思想：将有序类别变量转化为一个潜在的连续变量（隐变量），并假设这个隐变量与输入变量之间存在线性关系。具体来说，有序Logistic回归假设存在一个或多个阈值，这些阈值将隐变量的取值范围分割成不同的区间，每个区间对应一个有序类别。通过估计这些阈值和输入变量的系数，有序Logistic回归可以计算出给定输入下，输出变量属于每个类别的概率。这种模型适用于因变量为有序多分类变量的情况，如满意度评级、疾病严重程度等。本研究所使用的被解释量量为论文完成满意度，分为"不满意""一般满意""比较满意"和"非常满意"四个等级。

模型表达式如下：

$$\text{Log}\left(\frac{\pi_1}{1-\pi_1}\right) = C_1 - (\beta_1 x_1 + \beta_2 x_2 + \cdots + \beta_k x_k)$$

$$\text{Log}\left(\frac{\pi_1 + \pi_2}{1-(\pi_1 + \pi_2)}\right) = C_2 - (\beta_1 x_1 + \beta_2 x_2 + \cdots + \beta_k x_k)$$

$$\text{Log}\left(\frac{\pi_1 + \pi_2 + \pi_3}{1-(\pi_1 + \pi_2 + \pi_3)}\right) = C_3 - (\beta_1 x_1 + \beta_2 x_2 + \cdots + \beta_k x_k) \quad （4-4）$$

$$......$$

$$\text{Log}\left(\frac{\pi_1 + \pi_2 + \pi_3 + \cdots + \pi_{j-1}}{1-(\pi_1 + \pi_2 + \pi_3 + \cdots + \pi_{j-1})}\right) = C_{j-1} - (\beta_1 x_1 + \beta_2 x_2 + \cdots + \beta_k x_k)$$

$$\pi_1 + \pi_2 + \pi_3 + \cdots + \pi_{j-1} + \pi_j = 1$$

其中，C_j为截距项，j为有序类别的个数，本研究所使用的满意度包含四个程度，所以j就为4。π_j为论文完成满意度属于某一类别的概率。x_k为自变量，k为自变量的个数。

有序Logistic回归的基本假设：

假设1：因变量唯一，且为有序多分类变量，即类别之间存在逻辑上的顺序。

假设2：存在一个或多个自变量，可为连续、有序多分类或无序分类变量。

假设3：自变量之间无多重共线性。

假设4：模型满足"比例优势"或者平行性假设，意思是无论因变量的分割点在什么位置，模型中各个自变量对因变量的影响不变，即自变量对因变量的回归系数与分割点无关。

平行检验及相关解决方法：Logistic回归分析要求这多个回归方程中自变量的系数是相等的，因此需要做平行检验，即检验自变量各取值水平对因变量的影响在各个回归方程中是否相同。平行性检验的原假设为：模型满足平行性，因而如果P值大于0.05则说明模型接受原假设，即符合平行性检验。反之如果P值小于0.05则说明模型拒绝原假设，模型不满足平行性检验，平行性是有序Logistic回归的前提条件。

当平行性检验不通过时，有三种解决办法：①将因变量的某些值进行合并，减少因变量的取值个数，使得多值变量Logistic回归模型平行性成立；②尝试使用其他的链接函数；③使用其他有序分类回归模型。

4.2.6.2 变量选取及说明

影响统计学类本科毕业论文完成满意度的因素是复杂多样的，基于现有的文献资料，在论文完成过程中的指导教师因素、学校管理因素、学生自身因素以及论文写作过程直接决定了统计学类学生的毕业论文完成满意度。考虑部分变量存在个别分类的占比较低，在模型构建之前进行调整并合并低占比分类的数据，以提高模型的稳定性和预测的准确性，本章节所使用的变量都是进行调整合并后所使用的数据，且自变量都是分类变量。其中因变量是论文完成满意度：对应调查问卷中"您在完成论文过程中的综合满意度"，将选项"不满意"、"一般满意"、"比较满意"和"非常满意"分别赋值为1、2、3和4。

自变量可分为指导教师因素、学校管理因素、学生自身因素和论文写作过程。

1.指导教师因素

（1）职称：指导教师职称的高低往往反映了其在学术领域的积累和经验。高级职称的指导教师通常具备更丰富的学术资源和研究经验，能够为学生提供更为深入和专业的指导，有助于学生提升论文质量和学术水平，从而增强完成满意度。同时，他们的严谨态度和高标准要求也促使学生更加认真对待论文撰写，进一步提升了完成满意度。本章节在处理数据时，赋值"讲师"为1，"副教授"为2，"教授"为3。

（2）师生沟通频次：师生之间适当的沟通频次可以确保论文的顺利进展、提高论文质量与深度、增强学术兴趣与动力，并帮助学生提高适应性和应变能力。本章节在处理数据时将一周2次及以下、一周3~4次和一周5次及以上分别赋值为1、2和3。

（3）指导态度：指导教师的指导态度对学生本科毕业论文的完成满意度具有决定性影响。积极的指导态度能够激发学生的学习热情和自信心，鼓励他们深入研究并解决问题。耐心细致的指导可以帮助学生更好地理解和应用学术知识，避免走弯路。而敷衍或不负责任的态度则可能让学生感到无助和沮丧，影响论文质量和学生满意度。本章节在处理数据时将指导教师的指导态度分成"一般认真"、"比较认真"和"非常认真",并且分别赋值为1、2和3。

（4）沟通方式多样性：师生沟通方式多样性采用"单一方式"、"两种方式结合"和"多种方式结合"三种分类,分别赋值为1、2和3。已有经验表明,多样化的沟通方式在论文撰写过程中能避免在单一沟通方式下因地域和时间上的限制而造成的信息传递效率低下和信息理解偏差。

2.学校管理因素

（1）指导文件清晰：学校的论文指导文件是否简单易懂、清晰明了在毕业生撰写毕业论文过程中具有非常重要的影响。它不仅为毕业生提供了明确的指导方向,提高了写作效率和质量,还增强了毕业生的学术自信心,促进了学术交流与合作。本章节在数据处理时将"非常不清晰"、"不太清晰"、"一般清晰"、"比较清晰"以及"非常清晰"分别赋值为1、2、3、4和5。

（2）学术氛围：学校（学院）的学术氛围对学生本科毕业论文的完成满意度具有显著影响。浓厚的学术氛围能够激发学生深入研究的兴趣,提供丰富的学术资源和交流平台,有助于学生获取前沿知识和研究方法。在这样的环境下,学生更可能得到导师的悉心指导和同学间的有益讨论,从而提高论文的质量和完成效率。本章节将学生对学校的学术氛围感知分为"不太浓厚"、"一般浓厚"、"比较浓厚"以及"非常浓厚",分别赋值为1、2、3和4。

（3）资源支持：对于财经类院校来说,学校的资源支持主要是指学校图书馆的馆藏资源以及电子数据库资源。一方面,丰富的馆藏资源为学生提供了广泛而深入的学术资料,有助于学生获取全面、准确的信息。另一方面,电子数据库资源则提供了便捷、高效的检索途径,使学生能够快速定位所需文献。这些资源不仅提升了学生的研究效率,也增强了论文的学术价值,从而提高了学生对本科毕业论文完成的满意度。本章节在调查问卷上通过设置"非常不充足"、"不太充足"、"一般充足"、"比较充足"以及"非常充足"来衡量学校的资源支持,并且分别赋值为1、2、3、4和5。

（4）学术活动：在撰写本科毕业论文的周期内,学校（学院）组织的与毕业论文相关的学术讲座活动对学生完成满意度具有显著影响。这些讲座不仅提供了前沿的学术知识和研究动态,还为学生提供了宝贵的交流互动机会。通过讲座,学生能够更清晰地把握研究方向,获得灵感与启发,进而提升论文的质量和深度。这种学术支持无疑增强了学生完成论文的信心和满意度。学校学术活动组织用"从未组织"、"偶尔组织"、"有时组织"、"较多组织"以及"经常组织"来衡量，分别赋值为1、2、3、4和5。

（5）审核流程：学校毕业论文的审核流程包括论文撰写、查重、提交、审查、评阅以及答辩等环节，每一步都严谨而细致。答辩过程更是对学生学术能力和表达能力的直接检验，其严格程度反映了学校对学术质量的高要求。这种严格性促使学生更加认真地对待毕业论文的每一个环节，从而提高了论文的质量和完成满意度。同时，经过层层把关，学生的学术能力和综合素质也得到了提升，为未来的学术和职业发展奠定了坚实的基础。论文的审核流程严格程度分为"非常不严格"、"不太严格"、"一般严格"、"比较严格"以及"非常严格"，依次赋值为1、2、3、4和5。

3.学生自身因素

（1）学业成绩：学业成绩优秀的学生往往拥有扎实的基础知识和良好的研究能力，这些能力使他们在撰写论文时能够更深入地探讨问题，更准确地表达观点，从而写出更高质量的论文。调查问卷中将学生的学业成绩分为"前25%"、"前50%"、"前75%"以及"后25%"，且分别赋值为1、2、3和4。

（2）专业能力：专业能力较强的学生通常对研究领域有更深入的理解和掌握，这使得他们在选题、文献综述、研究设计、数据分析以及论文撰写等各个环节中能够更加得心应手。这种能力不仅体现在对理论知识的掌握上，还包括了对实践技能和批判性思维的培养。同时，专业能力的增强也增强了学生对所学专业的认同感和自信心，进一步提高了毕业论文的质量和学生的满意度。调查问卷中通过让学生回答自己的专业能力在论文撰写过程中应对程度来反映学生的专业能力水平，将"远远不够"赋值为1，"不太足够"赋值为2，"一般足够"赋值为3，"比较足够"赋值为4，最后将"非常足够"赋值为5。

（3）软件熟练程度：熟练掌握统计软件的学生能够更高效地进行数据处理、分析和可视化，从而更准确地呈现研究结果。这不仅提升了论文的专业性和可信度，还增强了学生在论文撰写过程中的自信心和满意度。将对统计软件的熟练程度分为"非常不熟悉"、"不太熟悉"、"一般熟悉"、"比较熟悉"以及"非常熟悉"，分别赋值为1、2、3、4和5。

（4）竞赛参加：首先，参与统计学类竞赛能增强学生的实践能力和团队协作精神，这有助于他们在毕业论文中更好地应用统计学知识和技能。其次，竞赛经验能加深学生对专业知识的理解，提高研究兴趣，从而增加对论文完成的满意度。调查问卷中通过学生对是否参加竞赛的回答来判断学生的竞赛参加情况，并用1和2分别代表"是"和"否"。

4.论文写作过程

（1）方法视角创新：在撰写毕业论文时，采用前沿的研究方法和视角或方法上的创新，能显著提升论文的学术价值和实践意义。这些创新不仅有助于更深入地挖掘研究问题，还能为学术界带来新的见解和启示。因此，学生对毕业论文的完成是否满意往往与是否尝试使用这些方法正相关，它们使研究更具说服力，进而增强了学生的研究成就感和满足感。对于撰写论文过程中的方法视角创新分别用"非常不符合"、"不太符合"、"一般符合"、"比较符合"以及"非常符合"来表示，分别赋值1、2、3、4和5。

（2）时间管理计划：时间规划对学生论文完成满意度有一定的影响。首先，合理的时间安排可以帮助学生避免写作过程中的拖延和焦虑，从而提高论文完成效率。其次，提前规划可以确保学生有足够的时间进行深入研究和反复修改，从而提高论文质量，增强满意度。问卷对学生是否制订了时间规划设置"从未制订"、"很少制订"、"有时制订"、"经常制订"以及"总是制订"，且分别赋值为1、2、3、4和5。

（3）文献回顾与收集：在撰写论文前，对所选课题进行充分的文献回顾和资料收集对学生论文完成满意度具有不可忽视的影响。这一步骤不仅帮助学生构建扎实的理论基础，还能让学生全面了解该领域的研究现状和发展趋势。通过深入研究，学生能够更加明确研究问题和目标，提高论文的针对性和创新性。充分的文献回顾和资料收集使学生在写作过程中更加得心应手，最终提高论文的质量和完成满意度。问卷中通过学生回答"完全不符合"、"不太符合"、"一般符合"以及"比较符合"来衡量，其分别赋值为1、2、3和4。

（4）参加活动讲座频次：较常参加学校组织的与毕业论文写作相关的学术讲座的学生往往能更深入地理解论文写作的要求和技巧，从而提升论文质量和完成满意度。此外，讲座提供的反馈和指导也对学生完成论文有积极推动作用。调查问卷将参加活动讲座的频次分为"从未参与"、"偶尔参与"、"有时参与"、"较多参与"以及"经常参与"，且分别赋值为1、2、3、4和5。

（5）选题难度：选题过难可能导致学生面临较大挑战，产生挫败感，从而降低论文完成满意度。而选题过易则可能使学生缺乏挑战，对论文投入不足。因此，适度的选题难度既能激发学生潜能，又能保证学生顺利完成研究，进而提高论文完成满意度。调查问卷将选题难度分为"非常容易"、"比较容易"、"一般难度"、"比较困难"以及"非常困难"，并分别赋值为1、2、3、4和5。

（6）选题方式：自主选题能激发学生兴趣，提升研究动力，进而提高论文质量，使学生更满意。而指定选题虽能确保研究方向，但可能限制学生兴趣，影响研究深度和广度。因此，合理引导学生自主选题，结合学生兴趣与专业需求，能更有效提升论文完成满意度。调查问卷将"教师拟定题目"和"学生自拟题目"分别赋值为1和2。

（7）重视程度：重视研究价值和实践意义的学生往往能更深入地理解研究目的，投入更多精力，从而提高论文质量。这种态度不仅能增强学生的学习动力，还能使其在完成论文过程中获得更多成就感，进而提高论文完成的满意度。调查问卷中分别给"非常不重视"赋值为1，"不太重视"赋值为2，"一般重视"赋值为3，"比较重视"赋值为4以及"非常重视"赋值为5。

所有变量的具体赋值情况如表4-29所示：

表4-29 变量赋值说明表

维度	自变量	赋值
因变量	完成满意度	1：不满意；2：一般满意；3：比较满意；4：非常满意
指导教师因素	职称	1：讲师；2：副教授；3：教授
	师生沟通频次	1：2次及以下；2：3～4次；3：5次及以上
	指导态度	1：一般认真；2：比较认真；3：非常认真
	沟通方式多样性	1：单一方式；2：两种方式结合；3：多种方式结合
学校管理因素	指导文件清晰	1：非常不清晰；2：不太清晰；3：一般清晰；4：比较清晰；5：非常清晰
	学术氛围	1：不太浓厚；2：一般浓厚；3：比较浓厚；4：非常浓厚
	资源支持	1：非常不充足；2：不太充足；3：一般充足；4：比较充足；5：非常充足
	学术活动	1：从未组织；2：偶尔组织；3：有时组织；4：较多组织；5：经常组织
	审核流程	1：非常不严格；2：不太严格；3：一般严格；4：比较严格；5：非常严格
学生自身因素	学业成绩	1：后25%；2：前75%；3：前50%；4：后25%
	专业能力	1：远远不够；2：不太足够；3：一般足够；4：比较足够；5：非常足够
	软件熟练程度	1：非常不熟悉；2：不太熟悉；3：一般熟悉；4：比较熟悉；5：非常熟悉
	竞赛参加	1：否；2：是
论文写作过程	方法视角创新	1：非常不符合；2：不太符合；3：一般符合；4：比较符合；5：非常符合
	时间管理计划	1：从未制订；2：很少制订；3：有时制订；4：经常制订；5：总是制订
	文献回顾与收集	1：完全不符合；2：不太符合；3：一般符合；4：比较符合
	参加活动讲座频次	1：从未参与；2：偶尔参与；3：有时参与；4：较多参与；5：经常参与

维度	自变量	赋值
论文写作过程	选题难度	1：非常容易；2：比较容易；3：一般难度；4：比较困难； 5：非常困难
	选题方式	1：教师拟定题目；2：学生自拟题目
	重视程度	1：非常不重视；2：不太重视；3：一般重视；4：比较重视；5：非常重视

4.2.6.3　模型检验

在分析有序Logistic回归的结果之前，要进行一系列的检验，包括模型的多重共线性检验、平行性检验、拟合优度检验以及显著性检验，接下来将逐个进行。

多重共线性检验的目的是确保自变量之间没有多重共线性，只有这样，进行有序Logistic回归才是有意义的。如果各自变量的容忍度（Tolerance）小于0.1或方差膨胀因子（VIF）大于10，则表示模型中存在多重共线性。各自变量之间多重共线性的检验结果如表4-30所示。

表4-30　共线性检验结果

模型	未标准化系数		标准化系数			共线性统计	
	B	标准错误	Beta	t	显著性	容差	VIF
（常量）	−0.333	0.404		−0.824	0.411		
职称	0.138	0.058	0.147	2.382	0.018	0.725	1.380
师生沟通频次	0.022	0.052	0.024	0.426	0.671	0.878	1.139
指导态度	0.096	0.067	0.088	1.443	0.151	0.748	1.336
沟通方式多样性	0.042	0.054	0.045	0.777	0.438	0.825	1.212
指导文件清晰	0.021	0.053	0.025	0.392	0.695	0.657	1.522
学术氛围	−0.037	0.057	−0.040	−0.640	0.523	0.711	1.406
资源支持	0.052	0.049	0.069	1.050	0.295	0.644	1.553
学术活动	−0.035	0.056	−0.053	−0.624	0.534	0.379	2.635
审核流程	0.134	0.062	0.147	2.152	0.033	0.594	1.684
学业成绩	0.044	0.043	0.058	1.024	0.307	0.851	1.175
专业能力	−0.004	0.046	−0.005	−0.086	0.931	0.797	1.255
软件熟练程度	0.180	0.064	0.172	2.795	0.006	0.725	1.379
竞赛参加	−0.124	0.084	−0.089	−1.487	0.138	0.769	1.301
方法视角创新	0.195	0.061	0.216	3.216	0.001	0.613	1.631
时间管理计划	0.061	0.055	0.076	1.114	0.266	0.597	1.676
文献回顾与收集	0.081	0.074	0.081	1.103	0.271	0.505	1.979

模型	未标准化系数		标准化系数			共线性统计	
	B	标准错误	Beta	t	显著性	容差	VIF
参加活动讲座频次	0.050	0.055	0.081	0.918	0.359	0.358	2.791
选题难度	−0.006	0.054	−0.006	−0.109	0.913	0.870	1.149
选题方式	−0.037	0.084	−0.026	−0.438	0.662	0.781	1.280
重视程度	0.059	0.061	0.065	0.969	0.334	0.614	1.629

从表4-30可以看出，各自变量的方差膨胀因子（VIF）远小于10，所以可以判断模型中不存在多重共线性。

本章节所选择有序Logistic回归模型在探究统计学类本科毕业论文完成满意度的过程中是将模型中的因变量，即学生对论文完成满意度的不同程度进行拆分，并将其处理成多个二元的Logistic模型进行回归，并且要求这些二元Logistic模型中各自变量的系数均相同，而不同二元Logistic模型中的截距项或者分割点不同，这就要求有序Logistic回归模型满足"比例优势"假设，即无论论文完成满意度（有序的分类变量）的哪个水平被考虑，自变量（各影响变量）对因变量各个水平之间概率比（或称为赔率）的影响都是相同的。对所构造的有序多元Logistic回归模型进行平行性检验，检验结果如表4-31所示。

表4-31　平行性检验

模型	−2对数似然	卡方	自由度	显著性
原假设	297.167			
常规	218.016	79.151	124	0.999

平行性检验结果显示，该模型的显著性P值为0.999，而该检验的原假设为位置参数（斜率系数）在各个论文完成满意类别中相同，显著性P值大于0.05，接受原假设，即有理由认为模型符合"比例优势"假说，因此本研究所使用的有序Logistic模型通过了平行性检验，可以使用该模型进行下一步的数据分析。

表4-32为拟合优度检验的结果，分别包括Pearson和Deviance两种拟合优度检验结果，这两种检验的判定规则为卡方值很小或者$P>\alpha$，则拟合效果较好。Pearson检验的结果$\chi^2=1341.617$，$P<0.001<0.05$，说明Pearson检验结果为模型拟合效果不好；而Deviance检验的结果$\chi^2=297.167$，$P=1>0.05$，说明Deviance检验结果显示拟合效果较好。

但需要注意的是，表4-32中提及的两个统计量对于单元格频数为0的比例十分敏感，如果频数为0的单元格较多，这两个统计量不一定仍旧服从卡方分布，那么基于卡方分布而计算出来的P值也是不可信的，即这两种统计量不一定能真实地反映模型拟合情况，而与上述两个统计量相比，下述似然比卡方则要稳健得多。

表4-32　拟合优度检验

	卡方	自由度	显著性
皮尔逊（Pearson）	1341.617	664	<0.001
偏差（Deviance）	297.167	664	1.000

对模型中所有的自变量的偏回归系数为0进行似然比检验，当统计量的P>α时，模型的拟合效果较好，而从表4-33可以看出，$\chi^2 = 214.758$（该值为仅有常数项的模型和最终模型的−2对数似然值之差），P值为0.000，说明至少有一个偏回归系数不为0，即包含教师因素、学校管理因素等自变量的模型拟合优度结果好于仅包含截距项的模型，模型显著成立。

表4-33　模型拟合信息

模型	−2对数似然	卡方	自由度	显著性
仅包含截距项	511.925			
最终	297.167	214.758	62	0.000

分析过程中，SPSS还给出三种伪R^2的结果，如表4-34所示。这三种方法是最常用的计算伪决定系数的方法，但由于这三种方法并没有得到广泛的应用，所以在分析过程中不用刻意关注该结果。

表4-34　伪R^2

考克斯-斯奈尔	0.587
内戈尔科	0.668
麦克法登	0.42

4.2.6.4　回归结果及其分析

通过对模型进行检验，包括平行线检验、拟合优度检验和模型显著性检验，可以得知本研究所使用的有序多Logistic模型拟合性较好且存在统计学上的意义，可以进行下一步的研究分析。表4-35是模型参数估计结果。

表4-35　模型参数估计

影响因素	β	Sig	OR
截距1（[过程满意度 = 1]）	−5.552	0.158	0.004
截距2（[过程满意度 = 2]）	−0.581	0.882	0.559
截距3（[过程满意度 = 3]）	4.756	0.225	116.280
[职称=1]	−1.313	0.022	0.269
[职称=2]	−0.538	0.205	0.584
[职称=3]（参照组）	0		
[沟通频次=1]	0.229	0.647	1.257
[沟通频次=2]	0.535	0.332	1.707
[沟通频次=3]（参照组）	0		
[指导态度=1]	−1.776	0.017	0.169
[指导态度=2]	−0.553	0.158	0.575
[指导态度=3]（参照组）	0		
[沟通方式多样性=1]	−0.479	0.350	0.619
[沟通方式多样性=2]	−1.351	0.006	0.259
[沟通方式多样性=3]（参照组）	0		
[指导文件清晰=1]	−2.340	0.203	0.096
[指导文件清晰=2]	−0.594	0.481	0.552
[指导文件清晰=3]	−0.290	0.689	0.748
[指导文件清晰=4]	−0.077	0.903	0.926
[指导文件清晰=5]（参照组）	0		
[学术氛围=1]	1.773	0.096	5.888
[学术氛围=2]	0.244	0.769	1.276
[学术氛围=3]	0.736	0.345	2.088
[学术氛围=4]（参照组）	0		
[资源支持=1]	−1.471	0.412	0.230
[资源支持=2]	−0.306	0.704	0.736
[资源支持=3]	−1.159	0.080	0.314
[资源支持=4]	−0.669	0.233	0.512
[资源支持=5]（参照组）	0		
[学术活动=1]	3.042	0.013	20.947
[学术活动=2]	1.456	0.125	4.289
[学术活动=3]	0.485	0.550	1.624
[学术活动=4]	0.498	0.504	1.645
[学术活动=5]（参照组）	0		

续　表

影响因素	β	Sig	OR
[审核流程=1]	−2.355	0.050	0.095
[审核流程=2]	−0.398	0.578	0.672
[审核流程=3]	0.026	0.953	1.026
[审核流程=4]（参照组）	0		
[学业成绩=1]	0.118	0.870	1.125
[学业成绩=2]	−0.054	0.917	0.947
[学业成绩=3]	−0.263	0.532	0.769
[学业成绩=4]（参照组）	0		
[专业能力=1]	4.898	0.193	134.021
[专业能力=2]	5.363	0.151	213.364
[专业能力=3]	4.868	0.192	130.061
[专业能力=4]	5.009	0.180	149.755
[专业能力=5]（参照组）	0		
[熟练程度=1]	−7.096	0.002	0.001
[熟练程度=2]	0.485	0.716	1.624
[熟练程度=3]	−0.799	0.425	0.450
[熟练程度=4]	0.066	0.944	1.068
[熟练程度=5]（参照组）	0		
[竞赛参加=1]	0.707	0.078	2.028
[竞赛参加=2]（参照组）	0		
[方法视角创新=1]	−2.048	0.259	0.129
[方法视角创新=2]	−3.887	0.004	0.021
[方法视角创新=3]	−2.876	0.018	0.056
[方法视角创新=4]	−1.047	0.353	0.351
[方法视角创新=5]（参照组）	0		
[时间管理计划=1]	−1.484	0.349	0.227
[时间管理计划=2]	−0.324	0.765	0.723
[时间管理计划=3]	1.240	0.225	3.456
[时间管理计划=4]	1.395	0.155	4.035
[时间管理计划=5]（参照组）	0		
[文献回顾与收集=1]	0.484	0.708	1.623
[文献回顾与收集=2]	−2.749	0.001	0.064
[文献回顾与收集=3]	−2.101	0.003	0.122
[文献回顾与收集=4]（参照组）	0		

续　表

影响因素	β	Sig	OR
[参加活动频次=1]	−2.930	0.009	0.053
[参加活动频次=2]	−0.808	0.403	0.446
[参加活动频次=3]	−0.635	0.456	0.530
[参加活动频次=4]	−1.086	0.157	0.338
[参加活动频次=5]（参照组）	0		
[选题难度=1]	−1.459	0.462	0.232
[选题难度=2]	2.032	0.057	7.629
[选题难度=3]	1.490	0.114	4.437
[选题难度=4]	1.760	0.069	5.812
[选题难度=5]（参照组）	0		
[选题方式=1]	−0.048	0.904	0.953
[选题方式=2]（参照组）	0		
[重视程度=1]	−3.290	0.070	0.037
[重视程度=2]	−1.401	0.258	0.246
[重视程度=3]	−0.778	0.329	0.459
[重视程度=4]	−0.640	0.357	0.527
[重视程度=5]（参照组）	0		

注：表中没有数据的变量是因其作为参照组。

本研究中，因变量论文完成满意度分成四个类别，分别为"不满意"、"一般满意"、"比较满意"以及"非常满意"，SPSS默认将最后一个类别作为参照组，因此在结果中因变量论文完成满意度仅显示前三个类别的结果，而"非常满意"没有系数估计值，软件没有显示出来。

从表4-35中数据可知，本次调查分析中有部分影响因素对统计学类本科毕业论文完成满意度完全没有影响，包括"沟通频次"、"指导文件清晰"、"学业成绩"、"专业能力"、"时间规划"和"选题方式"，这里除了样本选择范围（样本全来自内蒙古财经大学）的受限而导致的偶然性误差外，可能原因如下：

在撰写毕业论文过程中，相比于师生沟通的频次，沟通的内容和深度可能更加关键。如果师生之间的沟通主要围绕论文的核心问题、研究方法、数据分析等关键内容进行，且讨论深入、具体，那么即使频次不高，也可能对学生产生较大的帮助，从而提高其满意度。反之，沟通频次虽高，但内容浅显、缺乏针对性或有效性，那么学生可能无法从中获得实质性的指导和帮助，导致满意度不高。另外，每个学生对于论文指导和沟通的需求是不同的。一些学生可能更需要具体的、针对性的指导，而不仅仅是频繁的沟通。因此，对于这部分学生来说，即使师生沟通频次高，但未能满足其个性化的指导需求，也可能导致满意度不高。

不同的学生对指导文件的重视程度和利用程度可能不同。一些学生可能会认真阅读并参考指导文件，而另一些学生则可能只是简单浏览甚至完全忽视。这会导致即使指导文件清晰度高，但对所有学生的论文完成满意度的影响并不显著。

学生的学业成绩可能主要反映了他们在课堂学习和考试中的表现，而不直接等同于他们的研究能力、论文写作技能或投入论文的时间和精力。学生的论文完成满意度可能更多地受到写作过程中的个人体验、指导教师的帮助和反馈、研究兴趣等因素的影响，而非仅仅依赖于学业成绩。

学生的学科专业能力可能与论文完成的其他重要因素存在交互作用。例如，即使学生专业能力很强，但如果缺乏适当的研究方法或数据分析技巧，或者没有良好的时间管理和规划能力，也可能导致论文完成的效果不佳，进而影响满意度。

尽管学生可能制订了详细的时间管理计划，但实际执行时可能存在差异。有些学生可能会严格按照计划进行，而有些学生则可能因为各种原因（如拖延、临时任务等）导致计划执行不力。因此，时间管理计划本身可能不是影响满意度的直接因素，而是其执行力度和效果。

尽管选题方式可能看起来具有某种理论上的优势，例如教师指定、学生自选或共同协商等，但学生实际执行时的能力、兴趣和资源可能与选题方式并不完全匹配。这可能导致选题方式在理论上的优势在实际操作中无法完全体现，进而使得其在模型中的影响不显著。

除上述变量以外，其余影响因素都存在在某一类别上至少有10%的显著性水平下是显著的。

教师因素方面，教师职称为讲师的系数在5%的显著性水平下显著为负，说明学生对指导教师职称为讲师时的论文完成满意度低于指导教师职称为教授时的论文完成满意度，且论文完成满意度至少提高1个等级的可能性，讲师是教授的0.269倍；同理，教师指导态度为一般认真的论文完成满意度低于指导态度为非常认真的论文完成满意度，论文完成满意度至少提高1个等级的可能性，一般认真是非常认真的0.169倍；沟通方式多样性为两种方式结合的论文完成满意度低于多种方式结合的论文完成满意度，论文完成满意度至少提高1个等级的可能性，两种方式结合是多种方式结合的0.259倍。

学校管理因素方面，学术氛围为不太浓厚的系数在10%的显著性水平下显著为正，说明学生对学术氛围为不太浓厚时的论文完成满意度高于学术氛围为非常浓厚时的论文完成满意度，这可能是因为当学术氛围相对宽松时，学生可能面临的学术压力较小，期望也相对较低。这使得学生在完成论文时，即使成果不是非常突出，但也能达到自己的预期，从而感到较高的满意度，但其P值为0.096，显著性不高，说明这种情况相对较少。学校的资源支持为一般充足的论文完成满意度低于非常充足的论文完成满意度，论文完成满意度至少提高1个等级的可能性，一般充足是非常充足的0.314倍。同理，对于学术活动、审核流程都有类似的解释。

学生自身因素方面，统计软件熟练程度为非常不熟悉的系数在1%的显著性水平下显著为负，说明统计软件的熟练程度为非常不熟悉的学生论文完成满意度低于非常熟悉的论文完成满意度，论文完成满意度至少提高1个等级的可能性，非常不熟悉是非常熟悉的0.001倍；学生没有参加过竞赛的论文完成满意度高于参加过竞赛的论文完成满意度，系数为正，这主要考虑两类学生的关注点不同，参与统计竞赛的学生可能更注重竞赛的结果和成绩，这可能导致他们对论文的期望和要求更高。而没有参加过竞赛的学生可能更关注论文的学习过程和自我提升，对论文的评价更为宽容和积极，且论文完成满意度每提高1个等级的可能性，没参加过的学生是参加过的学生的2.028倍。

论文写作过程方面，方法视角上的创新为不符合和一般符合的学生论文完成满意度分别在1%和5%的显著性水平下显著为负，说明学生在方法视角创新为不符合的论文完成满意度低于非常符合的论文完成满意度，且论文完成满意度至少提高1个等级的可能性，不符合和一般符合分别是非常符合的0.021倍和0.056倍；同理，文献回顾与收集为不太符合和一般符合的学生论文完成满意度都在1%的显著性水平上显著为负，说明学生在这两个类别上的论文完成满意度低于非常符合的论文完成满意度，且论文完成满意度至少提高1个等级的可能性，不符合和一般符合分别是比较符合的0.064倍和0.122倍，而事实上也是这样，对文献回顾与收集越多，学生的论文完成满意度往往也越高；对于参加活动频次、选题难度以及重视程度这几个影响因素也有类似的解释。

4.2.7　结论及建议

本章节基于内蒙古财经大学本科毕业生相关问卷数据，从学生视角考虑，将学生在论文完成过程中的综合满意度分为"不满意"、"一般满意"、"比较满意"和"非常满意"，进行学生视角下满意度研究并构建多元有序 Logistic 回归模型，针对教师因素、学校管理因素、学生自身因素和论文写作过程方面影响统计学类本科毕业论文质量（本节用综合满意度来表示）进行了研究，旨在为提升统计学类本科毕业论文质量提供建议。本章节主要结论如下：

一是教师因素方面对本科毕业论文质量的影响，根据已有数据具体来说包括以下几个方面：教师职称、教师指导态度以及学生与教师的沟通方式多样性都对论文完成满意度有不同程度的影响。教师职称为讲师的系数在5%的显著性水平下显著为负，说明学生对指导教师职称为讲师时的论文完成满意度低于指导教师职称为教授时的论文完成满意度；同理，教师指导态度为一般认真的系数在5%的显著性水平下显著为负，表明教师指导态度在该水平下学生的论文完成满意度是低于指导态度为非常认真的论文完成满意度的；沟通方式多样性为两种方式结合的系数在1%的显著性水平下显著为负，表明此时的论文完成满意度低于多种方式结合的论文完成满意度。

二是学校管理因素方面对本科毕业论文质量的影响，具体来说包括以下几个方面：学术氛围、资源支持、学术活动以及审核流程对毕业论文质量影响较大。学校的资源支持为一般充足的系数在10%的显著性水平下显著为负，说明此时的论文完成满意度低于非常充足的论文完成满意度。对于学术活动、审核流程都有类似的解释。

三是学生自身因素方面对本科毕业论文质量的影响，从所收集到的数据来看包括统计软件熟练程度和竞赛参加。其中统计软件熟练程度为非常不熟悉的系数在1%的显著性水平下显著为负，说明统计软件的熟练程度为非常不熟悉的学生论文完成满意度低于为非常熟悉的论文完成满意度；学生没有参加过竞赛的论文完成满意度高于参加过竞赛的论文完成满意度，系数为正，这主要考虑两类学生的关注点不同，参与统计竞赛的学生可能更注重竞赛的结果和成绩，这可能导致他们对论文的期望和要求更高。而没有参加过竞赛的学生可能更关注论文的学习过程和自我提升，对论文的评价更为宽容和积极。

四是论文写作过程方面对本科毕业论文质量的影响，主要包括方法视角上的创新、文献回顾与收集、参加活动频次、选题难度以及重视程度。其中方法视角上的创新为不符合和一般的学生论文完成满意度分别在1%和5%的显著性水平下显著为负，说明学生在方法视角创新为不符合的论文完成满意度低于为非常符合的论文完成满意度；同理，文献回顾与收集为不太符合和一般符合的学生论文完成满意度都在1%的显著性水平上显著为负，说明学生这两个类别上的论文完成满意度低于非常符合的论文完成满意度；对于参加活动频次、选题难度以及重视程度这几个影响因素也有类似的解释。

基于以上的论述，本章节针对现存的问题给出以下几点建议：一是重视学生个人成长，加强自身专业能力；二是鼓励学生在毕业论文上投入更多时间，学校和导师应合理安排教学进度，确保学生有足够的时间进行深入研究和撰写；三是提高指导教师的专业水平，加强指导教师和学生之间的有效沟通；四是提升学校学术资源与学术氛围，为学生提高良好的科研环境；五是引导学生选择具有实践意义和创新性的选题，并鼓励他们进行社会实践和调研。

4.3　指导教师视角下调查结果分析

4.3.1　调查结果的基本情况和描述性统计分析

4.3.1.1　*基本情况*

如表4-36所示，本调查问卷中，占比最高的是副教授，占比43.2%，占比最低的是教授，其占比27.3%，另外讲师占比29.5%。接下来对指导教师的指导经验进行分析。

表4-36　指导教师职称

	频数/份	比例/%	累计比例/%
教授	12	27.3	27.3
副教授	19	43.2	70.5
讲师	13	29.5	100.0
合计	44	100.0	

如表4-37所示，调查对象中指导毕业论文经验占比最高的是11～15年，占比31.8%；占比最低的是指导经验2年以下的教师，占比为9.1%。在所有调查对象中，指导经验10年以上的教师占比超过半数，可见指导教师多为经验丰富。

表4-37 指导毕业论文经验

	频数/份	比例/%	累计比例/%
2年及以下	4	9.1	9.1
3~5年	9	20.5	29.6
6~10年	6	13.6	43.2
11~15年	14	31.8	75.0
15年以上	11	25.0	100.0
合计	44	100.0	

如表4-38所示,调查对象中每年指导毕业论文人数最多的是4~5人,占总人数的47.7%,近乎一半。占比最少的为9~10人,仅占比4.6%。由表4-38可以看出指导教师指导的学生人数多集中在4~8人之间。

表4-38 每年指导毕业生人数

	频数/份	比例/%	累计比例/%
3人及以下	7	15.9	15.9
4~5人	21	47.7	63.6
6~8人	10	22.7	86.3
9~10人	2	4.6	90.9
10人以上	4	9.1	100.0
合计	44	100.0	

该题为多选题,故采用SPSS中的多重响应对其进行描述性统计分析,具体结果如表4-39所示,调查对象中主持项目占比最高的是主持省部级项目,个案百分比77.3%,其次为校级项目,占比最低的是国家级项目。

表4-39 指导教师主持项目情况

主持项目	频数/份	比例/%	个案比例/%
国家级	10	10.4	22.7
省部级	34	35.4	77.3
校级	33	34.4	75.0
其他	19	19.8	43.2

4.3.1.2 *师生互动*

在整篇毕业论文书写过程中，论文指导方式是师生进行有效沟通的桥梁。分析结果如表4-40所示，其中面对面交流的个案百分比最高，达88.6%，其次为社交媒体或即时通信工具，占比达77.3%，电子邮件沟通和线上会议/视频会议占比相同。通过分析，面对面交流和社交媒体或即时通信工具是论文指导中最为常用的方式，是大多数指导教师的选择。

表4-40 论文指导方式

沟通方式	频数/份	比例/%	个案比例/%
面对面交流	39	33.9	88.6
电子邮件沟通	20	17.4	45.5
线上会议/视频会议	20	17.4	45.5
社交媒体或即时通信工具	34	29.6	77.3
其他	2	1.7	4.5

在毕业论文撰写过程中，指导教师会为学生提供一定的资源支持，调查结果如表4-41所示，其中占比最高的为相关资料、文献的提供，占比达93.2%，统计软件等研究工具的提供占比最低，为45.5%。指导教师为学生提供的资源支持主要集中在相关资料、文献，论文写作模板和要求以及时间管理和规划的建议三个方面。

表4-41 指导教师为学生提供的资源支持

支持资源	频数/份	比例/%	个案比例/%
相关资料、文献	41	24.6	93.2
统计软件等研究工具	20	12.0	45.5
定期开展研讨会	26	15.6	59.1
论文写作模板和要求	40	24.0	90.9
时间管理和规划的建议	40	24.0	90.9

本科毕业论文指导老师除了负责指导本科生，有些导师还需要负责研究生指导工作和课题任务，时间紧，任务重。由表4-42可以看出，绝大部分指导老师会与本科生每周交流1~2次，占比达72.7%。

表4-42　每周与学生交流的次数

每周交流次数/次	频数/份	比例/%	累计比例/%
0	0	0	0
1~2	32	72.7	72.7
3~4	11	25.0	97.7
5~6	1	2.3	100.0
6次以上	0	0	

如表4-43所示，指导教师为每位学生修改论文次数占比最高的是6~8次，占比达45.5%，修改次数占比最低的是3次以下，仅占2.3%。其中指导教师为每位毕业生修改次数集中分布在3~5次和6~8次，其二者占比累计高达79.6%。

表4-43　为每位毕业生修改毕业论文次数

修改毕业论文次数	频数/份	比例/%	累计比例/%
3次以下	1	2.3	2.3
3~5次	15	34.1	36.4
6~8次	20	45.5	81.9
9~10次	6	13.6	95.5
10次以上	2	4.5	100.0

指导教师视角下学生对撰写毕业论文的态度，反映了在整个论文撰写过程中，教师对学生的整体评价，由表4-44不难看出，态度较认真的学生占比最大，为52.3%，占比超过半数。有一位指导老师认为其学生撰写毕业论文态度为完全应付了事，其占比为2.3%。

表4-44　学生对撰写毕业论文的态度

学生态度	频数/份	比例/%	累计比例/%
非常认真	3	6.8	6.8
较认真	23	52.3	59.1
一般	13	29.5	88.6
不认真	4	9.1	97.7
完全应付了事	1	2.3	100.0

本题设置为限选三项并排序，由表4-45不难看出，综合得分最高的是缺乏实际应用选题，为3.16分；排在第二位的是选题创新性不足，得分为3.09；排在第三

位的是难以确定研究方向。被排在第一位频率最高的是难以确定研究方向，排在第二位频率最高的是缺乏实际应用选题，排在第三位频率虚高的仍是缺乏实际应用选题。可见指导教师视角下学生在撰写毕业论文过程中面临的最大困难是缺乏实际应用选题。

表4-45 学生在撰写毕业论文时最大的困难

学生面临的困难	综合得分/分	第一位/%	第二位/%	第三位/%
难以确定研究方向	2.93	53.33	23.33	23.33
缺乏实际应用选题	3.16	7.89	50.00	42.11
选题创新性不足	3.09	35.29	29.41	35.29
对统计学理论掌握不够	2.73	44.83	24.14	31.03
其他	0.09	0	100.00	0

在撰写本科毕业论文时，对统计学理论和软件的掌握程度，直接影响论文质量，本题对指导教师视角下指导学生对其掌握程度进行调查，调查显示，指导教师中，超过半数认为学生对统计学理论和软件的掌握程度一般。对二者掌握程度评价均集中在不错和一般，如表4-46所示。

表4-46 学生对统计学理论和软件的掌握程度

掌握程度	熟练度	频数/份	比例/%	累计比例/%
学生对统计学理论掌握程度	非常熟练	0	0	0
	不错	11	27.3	27.3
	一般	26	59.1	86.4
	不太熟练	5	11.4	97.8
	非常不熟练	1	2.3	100.0
学生对统计学软件掌握程度	非常熟练	2	4.5	4.5
	不错	15	34.1	38.6
	一般	25	56.8	95.4
	不太熟练	2	4.5	100.0
	非常不熟练	0	0	100.0

写作思路决定整篇论文的框架和质量，一篇优秀的毕业论文，首先要有正确的论文思路。通过对指导教师的调查，对学生的写作思路评价为一般的最多，占比为56.8%，超过半数；写作思路正确的占比36.4%，但仍有6.8%的指导教师认为学生

的写作思路不太正确，如表4-47所示。

表4-47 教师对学生写作思路的评价

写作思路	频数/份	比例/%	累计比例/%
正确	16	36.4	36.4
一般	25	56.8	93.2
不太正确	3	6.8	100.0

4.3.1.3 观点态度

论文写作过程中，难易程度影响着论文质量，对论文相关指标进行统计分析，结果如表4-48所示，1~5难易程度递加。平均值最高的为理论应用与实证分析，高达3.636，可见在指导教师视角下，对学生而言，在论文书写过程中最难的部分是理论应用与实证分析。平均值第二高的是方法选择与模型构建，平均值为3.523。

表4-48 难易程度

	最小值	最大值	平均值	标准差
选题	1	5	3.341	0.963
文献检索与综述	1	5	3.045	0.888
数据收集与处理	1	5	3.114	0.841
理论应用与实证分析	2	5	3.636	0.780
方法选择与模型构建	1	5	3.523	0.902
论文撰写与表达	2	5	3.455	0.761
时间管理与进度控制	2	5	3.205	0.668

对论文写作规范的了解情况，一定情况下影响着毕业论文的质量，了解程度越高，质量越高。1~5了解程度递加。由表4-49看出，了解程度平均值最低的是实证分析与结果讨论，平均值为2.864，可见指导教师视角下学生对实证分析与结果讨论的了解程度最低，实证分析部分也是整篇论文最核心的部分，对该部分了解程度不够会大大影响论文质量。平均值最高的是对参考文献的了解情况，平均值为3.205，可见该部分对于学生来说较为简单。

表4-49 写作基本规范了解情况

	最小值	最大值	平均值	标准差
论文结构	1	4	3.000	0.778
论文格式	1	5	3.136	0.824
引言	1	4	3.000	0.778
摘要与关键词	2	4	3.045	0.746
文献综述	2	4	3.000	0.715
研究方法	1	4	2.977	0.664
实证分析与结果讨论	1	4	2.864	0.702
结论	1	4	2.955	0.806
参考文献	2	5	3.205	0.734

毕业论文质量受多种因素影响，影响程度越高，平均值越高，调查结果如表4-50所示。在指导教师视角下，影响学生毕业论文质量最高的为学生的学术基础，平均值高达4.23；其次是学生的研究兴趣和积极性，平均值为3.86；平均值最低的是学校提供的资源和支持，为3.48。时间管理与计划安排的有效性，学校提供的资源和支持，考公、考研、工作、留学等压力对学生毕业论文质量的影响程度相对较小，其中学校提供的资源和支持的影响最小。

表4-50 毕业论文质量影响程度

	最小值	最大值	平均值	标准差
学生的研究兴趣和积极性	2	5	3.86	0.852
学生的学术基础	2	5	4.23	0.677
指导教师的专业水平和经验	2	5	3.75	0.719
论文的选题和研究内容	2	5	3.80	0.701
时间管理与计划安排的有效性	2	5	3.80	0.795
学校提供的资源和支持	2	5	3.48	0.876
考公、考研、工作、留学等压力	2	5	3.68	0.883

通过对指导教师视角下最有效的选题来源进行调查分析，可见占比最高的为导师的研究兴趣和项目以及行业热点和社会需求。占比最低的是国际前沿科技或理论，个案百分比仅为22.7%，如表4-51所示。

表4-51　最有效的选题来源

	频数/份	比例/%	个案比例/%
导师的研究兴趣和项目	33	31.1	75.0
学生自主提出的课题	29	27.4	65.9
行业热点和社会需求	33	31.1	75.0
国际前沿科技或理论	10	9.4	22.7
其他	1	0.9	2.3

　　毕业论文选题的科学性和合理性影响着整篇毕业论文的质量，通过表4-52，可以看出指导教师对毕业论文选题的科学性和合理性基本同意，同意和完全同意的百分比累计高达65.91%；整体来看，大部分人对指导的本科生的毕业论文的选题持肯定态度。对于"毕业论文是检验学生综合素质的最佳方式"这一观点，84.09%的指导教师持完全同意、同意或一般的看法，有15.91%的指导教师不同意这一看法。从数据可以看出，大部分人对这一观点持肯定态度，但也有一部分人持中立或者否定态度。

表4-52　对选题科学性和合理性以及对"毕业论文是检验学生综合素质的最佳方式"的看法

	选项	频数/份	比例/%	累计比例/%
毕业论文的选题具有科学性和合理性	完全同意	3	6.82	6.82
	同意	26	59.09	65.91
	一般	15	34.09	100.00
对于"毕业论文是检验学生综合素质的最佳方式"这一观点的看法	完全同意	5	11.36	11.36
	同意	15	34.09	45.45
	一般	17	38.64	84.09
	不同意	7	15.91	100.00

4.3.1.4　学校组织管理

　　一篇完整的毕业论文不仅需要指导教师和学生的努力，还需要学校的支持。接下来对指导教师视角下学校组织管理等方面进行描述性统计分析。

　　无论是指导教师还是学生，在撰写论文时，都会受到学校的学术氛围影响，本次调查对象中约有超过半数的指导教师认为学校的学术氛围比较浓厚，只有4.55%的指导教师认为学校的学术氛围不太浓厚。大部分教师对本校学术氛围持比较积极的看法，如表4-53所示。

表4-53　学校学术氛围

	频数/份	比例/%	累计比例/%
非常浓厚	5	11.36	11.36
比较浓厚	23	52.27	63.64
一般	14	31.82	95.45
不太浓厚	2	4.55	100.00

由表4-54可以看出，86.4%的指导教师希望学校能够加强论文撰写和表达技巧的培训，有65.9%的指导教师认为学校应该加强学生统计学基础教育和提供更多的研究资源和设施。有2.3%的指导教师对希望学校提供资源支持提出了具体建议，建议如下：学校给新进教师培训如何指导本科论文，并培训相关统计方法的分类及应用。因为有一部分老师并不是学统计学出身，对于统计方法了解度不够，因此很难指导出高水平论文。综合来看，老师比较看重对论文撰写和表达技巧的培训，以及学术基础知识的加强。

表4-54　学校支持

	频数/份	比例/%	累计比例/%
加强学生统计学基础教育	29	24.8	65.9
加强论文撰写和表达技巧的培训	38	32.5	86.4
提供更多的研究资源和设施	29	24.8	65.9
提供论文答辩工作方面的支持	20	17.1	45.5
其他	1	0.9	2.3

本科毕业论文审核过程一定程度上决定了论文质量，审核越严格，毕业论文质量越高。被调查对象中54.5%的指导教师认为本校的论文审核流程以及答辩过程比较严格，分别有18.2%的指导教师认为毕业论文审核流程以及答辩过程非常严格和一般；另有9.1%的指导教师认为不太严格，如表4-55所示。

表4-55　毕业论文审核流程以及答辩过程

	频数/份	比例/%	累计比例/%
比较严格	24	54.5	54.5
不太严格	4	9.1	63.6
非常严格	8	18.2	81.8
一般	8	18.2	100.0

答辩环节可以一定程度上反映学生对毕业论文的理解程度，对本校答辩环节设置进行调查，调查对象中有50%认为答辩环节设置合理但不能完全考查学生能力；分别有22.7%的指导教师认为其环节设置非常合理，能有效考查学生能力和认为其环节设置一般；另有4.5%的指导教师认为其环节设置过于形式化，不能真正反映水平，如表4-56所示。

表4-56 答辩环节设置

	频数/份	比例/%	累计比例/%
非常合理，能有效考查学生能力	10	22.7	22.7
过于形式化，不能真正反映水平	2	4.5	27.3
合理，但不能完全能考查学生能力	22	50.0	77.3
一般	10	22.7	100.0

4.3.1.5 论文满意度

指导教师满意度调查反映了指导教师对学生论文的态度，也在一定程度上反映出毕业论文的质量。接下来对论文满意度进行分析。

通过对指导教师对论文各个环节满意度的调查，结果如表4-57所示，1～5满意程度递增，分别代表非常不满意、不满意、一般、满意、非常满意；平均值越高则代表指导教师对该环节满意度越高。通过表4-57可知，平均值最高的是论文结构，为3.36分，主要集中在一般到满意之间；平均值最低的是论文创新性，为2.73分，主要集中在不满意和一般之间。通过表4-57可知，指导教师对学生毕业论文的满意度多集中在一般到满意之间。综合来看，大部分受访者对学校的答辩管理方面持较为积极的态度，满意度较高。

表4-57 论文各个环节满意度

	频数/份	极小值	极大值	平均值	标准差
论文准备	44	1	5	3.11	0.754
资料收集	44	2	5	3.18	0.691
数据分析	44	2	5	3.20	0.701
数据建模	44	2	5	3.05	0.645
论文修改	44	2	4	3.25	0.686
答辩环节	44	2	4	3.20	0.632
论文内容	44	2	4	3.23	0.565
论文结构	44	2	4	3.36	0.650

	频数/份	极小值	极大值	平均值	标准差
语言表达	44	1	4	3.02	0.698
论文创新性	44	1	4	2.73	0.660

通过对指导教师视角下本科毕业论文是否符合标准进行调查，可以对本科毕业论文质量形成整体评价，调查结果如表4-58所示。其中占比最高的是符合，为59.1%；其次为一般，占比为36.4%；占比最低的是非常符合，为4.5%。由此可见，本科毕业论文质量基本符合标准。

表4-58　论文质量是否符合标准

	频数/份	比例/%	累计比例/%
一般	16	36.4	36.4
符合	26	59.1	95.5
非常符合	2	4.5	100.0
合计	44	100.0	

创新性和学术价值是本科毕业论文撰写过程中所面临的最大困难，通过调查，指导教师中绝大部分认为毕业论文的创新性和学术价值一般，占比为70.5%；占比最低的是完全没有创新性和学术价值，为4.5%，如表4-59所示。

表4-59　毕业论文的创新性和学术价值

	频数/份	比例/%	累计比例/%
完全不同意	2	4.5	4.5
不同意	5	11.4	15.9
一般	31	70.5	86.4
同意	6	13.6	100.0
合计	44	100.0	

通过对以上各方面进行满意度分析，1~5满意程度递增，平均值越高代表满意程度越高。由表4-60可以看出，指导教师对学校答辩管理方面的满意度最高，平均值为3.66；满意度最低的是论文写作过程中展现的自主性和问题解决能力，平均值为2.91；对各方面的满意度多集中在一般和满意之间以及不满意和一般之间。

表4-60　满意度分析

	频数/份	极小值	极大值	平均值	标准差
论文写作过程中展现的自主性和问题解决能力	44	1	4	2.91	0.802
毕业论文的整体投入程度	44	1	4	2.98	0.952
学校本科毕业论文写作组织管理工作	44	2	5	3.55	0.730
学校的答辩管理方面	44	2	5	3.66	0.645

接下来对两道访谈性题目进行分析。

通过图4-8可以看出指导教师对组织培训方面的建议和意见比较多，为了提高本科毕业论文质量，学校需要加强对学生的组织培训。同时还有指导教师对加强论文书写指导工作、毕业论文不合格延期、教师评选、颁发获奖证书、开展优秀毕业论文评选等提出了建议。

图4-8　关于学校（学院）对本科毕业论文质量影响的建议或意见词云图

通过图4-9，可以看出指导教师对提高本科毕业论文提出建议最多的是加强专业知识的学习，其次还有加强培训、提高学术水平、夯实基础、加大学分、增加科研创新能力的培养、减少指导学生数量、增加教师工作量等建议。

图 4-9　提高本科论文质量的建议词云图

4.3.2　结论及建议

本科毕业论文是学生在掌握本学科的专业知识和基本技能基础上进行的科学研究训练，提高毕业论文质量需要基于全面质量管理理念系统推进。本章节从指导教师的视角出发，通过对影响本科毕业论文质量因素的调查，得出主要结论如下：

一是指导教师会对本科生的毕业论文质量产生影响，具体来说可以归为以下三类：首先是学术水平方面，指导教师的职称、指导毕业论文经验等会对本科毕业论文产生直接影响。指导教师职称越高，指导论文经验越丰富，从而学生的毕业论文质量也会更高。其次是与学生的互动方面，指导教师为学生提供的学术资源有助于学生撰写毕业论文，提高毕业论文质量。最后是指导教师对论文的整体要求，包括论文选题、数据分析、建模、论文结构、语言表达等内容，这些都会影响最后的论文质量。

二是学生自身的影响，首先最直接的影响就是学生本科期间对统计学软件和理论的掌握程度；其次是学生的时间安排，毕业论文书写时间集中在大三下学期和大四，本阶段毕业生正面临考公、考研、工作、留学等压力，没有更多的精力投入毕业论文书写中，提交一篇质量不高的论文，严重影响了毕业论文的质量；最后是学生的研究兴趣和积极性，面对一个自己不熟悉，不感兴趣的领域，大多数学生根本无法提起兴趣书写毕业论文，从而本科毕业论文的质量大打折扣。

三是学校的影响，首先是创造一个良好的学术氛围，会让置身其中的学生和指导教师不约而同地提高自己的学术素养，以此本科毕业论文的质量自然就提高了；

其次是学校政策和资源投入，学校对毕业论文的政策支持、资源投入以及监管力度会对统计学类本科毕业论文的质量产生直接影响；最后是答辩管理方面，答辩作为本科毕业论文的重要环节会直接影响到学生成绩和毕业，规范的答辩管理能够保障论文的学术水平和质量，为了确保本科毕业论文的质量，学校应重视答辩管理工作，确保答辩的公正性、规范性和有效性。

基于以上研究结论，针对现存的问题，本研究提出以下几点建议：

一是加强对年轻导师的培训和支持，提升其指导能力和学术水平。二是指导教师应加强对学生选题的指导和把关，确保选题具有实践意义和创新性。三是增设并推广毕业论文写作指导课程，帮助学生掌握论文撰写的基本技能和方法。四是加强对学生论文撰写过程的监督和管理，要求学生遵守学术道德和规范。同时，组织模拟答辩等活动，提高学生的答辩能力和应对能力。

5 本科毕业论文质量控制典型案例

如今，我国高等教育正逐步普及，高等教育规模大幅度增长，但随之而来的是高等教育质量的不断下滑，提高本科教学质量正是推行本科教育改革的重要环节。本科毕业论文是高等院校的教学计划中重要的实践部分，同时也是教学工作的衡量标准。所以，如何保证本科毕业论文的质量，是高等院校的教学工作顺利开展的重点和必要环节。

本章以内蒙古财经大学为例，结合高校实际情况和专业特色，研究高等院校对本科毕业论文的质量问题是如何进行控制的，了解高校的本科毕业论文（设计）规范，深入探究本科毕业论文管理工作的各个环节，梳理本科毕业论文质量管理体系中出现的诸多问题，总结高等院校在本科毕业论文质量管理中的经验和不足，提高毕业论文的质量和水平，加强本科毕业论文工作，便于各大高校根据本科毕业论文的工作需求，制定管理规范，完善相应的管理细则，约束本科毕业论文工作过程的各个环节，推动毕业论文质量管理的实践和改革。

5.1 内蒙古财经大学本科毕业论文（设计）工作管理规定

为切实加强本科毕业论文（设计）的管理工作，保证毕业论文（设计）质量，以培养学生合理运用专业理论知识解决实际问题的能力、逻辑思维和语言表达能力以及养成严谨务实的学风为教学目的，内蒙古财经大学要求学生在毕业论文（设计）的内容方面，以事实为依据，做到理论联系实际，论点明确、论据充分，语言流畅，体现个人见解和创新意识。在毕业论文的质量方面，经、管、法、文类各专业毕业论文要求框架完整，论题明确，采用文内图表，理、工类各专业毕业论文（设计）要求数据准确，图表清晰，研究方法得当，理论知识充分。程序上遵循立题→学生选题→论文开题→论文撰写→论文答辩→取得成绩的工作流程。

明确学校、学院、系在毕业论文（设计）过程中的各自职责，采用三级管理体制对毕业论文（设计）工作进行管理和监督，其中教务处进行宏观管理和监督，制定工作规范和计划，落实相关经费，定期对毕业论文（设计）工作进行检查，组织质量评估和总结，汇总收集相关信息，各学院积极贯彻落实管理制度，明确工作目标，成立工作领导小组，组织二级学院拟定工作计划，布置工作任务，实施全过程管理，检查毕业论文（设计）写作的进度和质量，积极开展教学改革和教学研究，各系积极拟定毕业论文（设计）的题目，明确指导教师名单，做好毕业论文（设计）开题、中期检查和结题验收工作。内蒙古财经大学的本科毕业论文（设计）管理工作大致可以分为毕业论文（设计）的前期计划、过程管理以及质量评价三个环节，具体工作流程如图5-1所示。

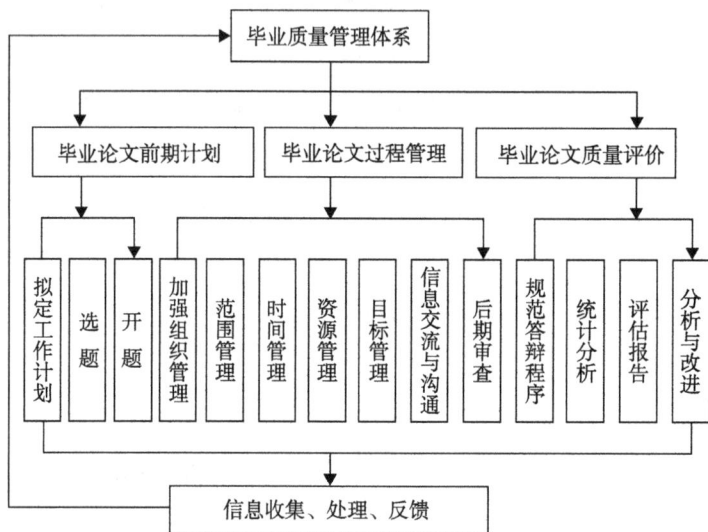

图5-1 本科毕业论文工作流程

院校对毕业论文（设计）工作的各个环节提出具体规范，可以分为以下三方面：①要求毕业论文（设计）的选题需要符合专业培养目标，依据专业特色，注重与实际生活结合，适当调整选题的难易程度和工作量，因材施教，积极鼓励学生发挥创新思维，定期更新选题，倡导师生双向选择，对于偏离专业基本知识的选题不予采用，毕业论文（设计）选题的程序包括教师拟定选题并审核，指导教师和学生确定题目，教师指导学生阅读文献，完成开题报告等工作，学生撰写开题报告并交由指导教师审阅。②说明毕业论文（设计）的资料以及规范撰写格式。根据各个专业实际情况，组织答辩小组成员，成立学院答辩委员会，负责学院的答辩工作，明确答辩流程和答辩规定，审定答辩成绩和评语。③对毕业论文（设计）的成绩评定环节，实行百分制与五级评分制相结合的方式，对被评定为"优秀"或"不及格"的毕业论文（设计）提交复审认定。

　　明确在毕业论文（设计）工作中指导教师与学生的具体要求，其中要求指导教师是有较高学术水平的中级及以上职称的教学人员，规定每个教师指导的学生数量，指导教师要了解学生的基本状况，制订指导计划，定期检查学生的写作情况，指导学生撰写开题报告和毕业论文（设计）提纲，在学生撰写毕业论文（设计）的过程中，如果发现有抄袭嫌疑存在，及时利用大学生论文防抄袭检测系统进行检测，根据学生完成毕业论文（设计）的实际情况，做出书面评语，并给出论文成绩。在对学生的要求中明确指出学生应端正学习态度，对毕业论文（设计）工作的质量负责，按时独立完成各项工作，定期汇报工作进程，严格按照毕业论文（设计）的规范和要求进行写作，保证毕业论文（设计）的质量。在明确毕业论文（设计）工作中各个角色的具体要求以及基本流程之后，做出本科毕业论文过程管理图，如图5-2所示。

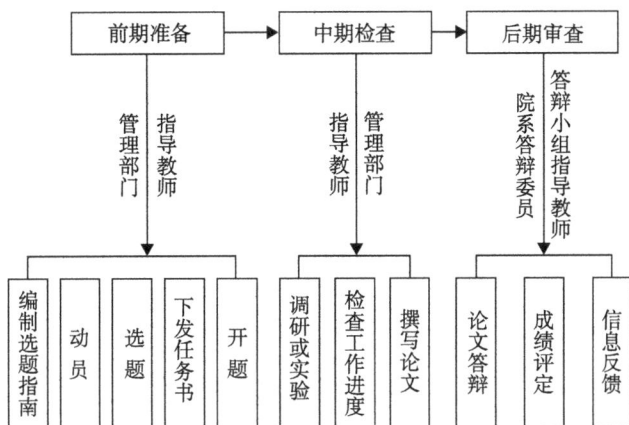

图 5-2　本科毕业论文过程管理

　　在答辩结束之后，答辩委员给出学生的答辩成绩，二级学院需要将毕业论文（设计）成绩、工作总结报送教务处，将与毕业论文工作相关的档案和文件交由学校和学院管理。最终整理归档毕业论文（设计）相关文件资料，合理保存纸质文件和电子档案。

5.2 统计与数学学院本科生毕业论文（设计）撰写规范

为加强毕业论文（设计）工作的管理，规范写作格式，提高毕业论文（设计）的质量，内蒙古财经大学制定了毕业论文（设计）结构格式标准，学生可以以此作为参照撰写制作毕业论文（设计）。此标准要求毕业论文需要包括封面、中文内容提要与关键词、英文内容提要与关键词、目录、正文、注释、附录、参考文献、谢辞、封底这十部分。其中封面由论文标题、姓名、指导教师等内容组成，内容提要是对论文的主要内容进行概括，关键词是能表现论文主题的词语，正文包括绪论、本论、结论三部分，附录是对正文起到补充作用的材料，参考文献是论文写作过程中参考的文献资料，谢辞是在论文撰写过程中指导教师等对自己给予帮助的人员表达谢意以及写作的心得体会。

对毕业论文的格式进行编排，其中要求毕业论文以国际标准A4型纸（297mm×210mm）打印，使用规范的简化汉字撰写，论文标题为2号黑体加粗，中文内容提要标题为3号黑体，内容为小4号宋体，目录内容为小4号仿宋，正文文字为小4号宋体，参考文献的项目名称为4号黑体。表格要求由表头和表体两部分组成，表头为5号字体，表头中需要有表号、标题和计量单位，表号居左，标题居中，计量单位居右。表的左右两端不应封口，数码文字使用5号字，文字注意上下居中对齐。论文中图需要统一编排并加图名要求使用上下环绕、左右居中的插入方式，图名为5号黑体，在图的下方居中编排。公式编排需要使用公式编辑器，在文章中居中编排，公式编号靠右侧。同一文中，数字的表示方法应前后一致，计量单位应使用法定计量单位，全文排印连续页码。

统计与数学学院根据专业特色对毕业论文（设计）撰写规范作出补充说明，要求论文正文结构合理，重点突出，结论明确，对于出现的重要结论，如定理、性质和概念等，应另起行叙述，关键词加粗，多个例题按照顺序编号。摘要中需要体现论文的基本内容、研究方法以及理论与实际意义，外文与中文摘要相互对应，关键词则是能够表示论文内容的术语，一般列3至5个，参考文献中的外文字母一律用正体，序号需要注意顶格书写，加中括号，再空一格写作者名，若同一文献中有多处被引用，则要写出相应引用页码。图标题由图号和图题文组成，放在插图的正下方，有图注或其他说明时应置于图标题之上。表标题由表号和表题文组成，放在表的正上方，表中数据应准确无误，书写清楚。公式中英文字符等符号的格式应统一使用 Times New Roman 斜体字体，按出现的顺序，依次编排公式序号为"（1）""（2）"等。物理量计量单位及符号不得使用非法定计量单位及符号。非物理量单位（如件、台、人、元、次等）可以采用汉字与单位符号混写的方式，计量单位符号一律用正体。

5.3　本科毕业论文质量控制体系

5.3.1　毕业论文质量管理的主体

5.3.1.1　学院

各学院是学校毕业论文（设计）工作的管理和执行机构，要贯彻落实学校的毕业论文（设计）工作的管理制度，对毕业论文（设计）工作进行全过程监控和管理，明确各专业毕业论文（设计）的工作目标，根据各专业的特色和实际情况，积极开展毕业论文（设计）的各项工作，制定实施细则，成立领导小组、答辩委员和答辩小组审核论文题目，根据各个专业人才培养方法，组织二级院系拟定各专业工作计划和工作任务，在指导教师讨论确定毕业论文（设计）选题之后，及时组织审核选题，定期检查指导教师的工作进度，开展教学改革，保障毕业论文的质量。

5.3.1.2　系

各系作为毕业论文（设计）工作的基层单位，与学生、指导教师密切联系，不仅要贯彻落实学校、学院关于毕业论文（设计）的相关管理规定，而且要积极组织教师开展会议讨论毕业论文（设计）的题目，将选题与教学目标、专业领域热点问题相结合，确定选题后上报毕业论文（设计）工作领导小组，积极组织指导教师与学生开展毕业论文（设计）的选题工作，并对开题报告进行评议讨论，定期监控毕业论文（设计）工作的各个环节的进度和质量，做好毕业论文（设计）答辩和成绩评定工作，最终收集整理毕业论文（设计）的相关电子版和纸质版资料。

5.3.1.3 教务处

教务处是学校的教学管理机构，在毕业论文（设计）工作中起到宏观管理的作用，贯彻落实主管部门的指导文件和精神，明确毕业论文（设计）工作的总目标，制定学校毕业论文（设计）工作规范和计划，进行常规检查，落实毕业论文（设计）相关经费，推进学校毕业论文（设计）工作改革，积极组织经验交流。

5.3.2 关键过程控制

5.3.2.1 论文选题

选题直接表现学生的研究方向和研究方法，应结合学生的专业培养目标和教学大纲，注重论文选题的创新性和多样性，考虑学生的兴趣爱好，综合学科专业基础知识。本校各院系可在第七学期拟定论文题目，教师拟定毕业论文（设计）选题，交由主管教学的院长审核之后，学院公布毕业论文（设计）题目和指导教师，学生选择与学院指定相结合，确定学生题目和指导教师，学生与指导教师共同讨论确定选题，适当调整论文题目，确定毕业论文（设计）题目和内容后，指导教师可以要求学生收集阅读文献、撰写开题报告，并及时审阅开题报告。但选题环节仍然会有许多突出问题：选题太难、选题范围过窄、院系和教研室把关不严、指导教师没有时间和精力指导学生等[81]，都会影响选题的质量，所以在毕业论文（设计）的选题环节，指导教师以及院系教学管理部门遵循三个原则：①专业性原则。选题需要体现专业人才培养目标，考查学生对专业基础知识的掌握程度，巩固专业知识，充分发挥学生的专业特长。②创新性原则。选题的创新性与毕业论文（设计）的质量有很大关系，更是学生的新观点、新看法的重要表现，可以从新的研究方法、新的研究领域等角度衡量选题是否创新。③可行性原则。考虑选题的难易程度，避免因题目过难过大、专业性太强等导致学生无法深入研究，因此指导教师需要深入了解学生的基础专业知识和阅读、表达能力等，充分发挥学生的专业优势，保证毕业论文（设计）的质量。

5.3.2.2 论文开题

开题可以完善论文（设计）的研究思路和研究方案，指导教师需要指导学生在规定时间内撰写开题报告并审阅，开题报告中需要包括毕业论文（设计）选题的依据、毕业论文（设计）的主要研究内容与预期目标、主要研究方案和毕业论文（设计）研究工作进度安排等内容，未完成开题报告的学生不得参与毕业论文（设计）的写作，学生完成开题报告后交由指导教师审核签字。

5.3.2.3　论文撰写

学生的毕业论文（设计）资料一般应包括：封面、摘要、关键词、目录、正文、参考文献、附录，学生必须严格按照《内蒙古财经大学本科毕业论文结构格式标准》中的要求，学生可以通过文献收集查阅资料，定期将毕业论文（设计）交给指导教师审阅后，指导教师提出修改意见，学生及时修改论文，确定论文终稿。在这一关键控制点中，学生与指导教师定期沟通，把握论文的写作进度，及时讨论毕业论文（设计）中出现的问题及解决方法。

5.3.2.4　中期检查

学校注重中期检查和督导工作，采用自查与抽查相结合的方式，主要检查指导教师的指导情况、学生的论文写作进度，要求指导教师做好毕业论文（设计）的记录工作，了解学生的本科毕业论文初稿写作情况，对于学生在写作过程中遇到的问题及时指导，学校教务处定期开展中期抽查工作，查漏补缺，及时调整，了解指导教师的工作进度和学生的论文整体质量，如实记录各项检查，对毕业论文（设计）的工作提出修改意见和措施，建立完善本科毕业论文（设计）的质量管理机制，保证本科毕业论文（设计）的顺利进行。

5.3.2.5　论文答辩

毕业论文（设计）答辩可以考查学生综合运用学科知识和表达能力、应变能力等，答辩目的主要是审查论文是否符合《内蒙古财经大学本科毕业论文结构格式标准》以及论文的选题是否新颖等，答辩之前，学生需要将毕业论文（设计）的所有资料上交给各系，由各学院组织成立学院答辩委员会，一般每组委员不能少于4名，成员多由中级职称以上（含中级）的教师组成，其主要职责是进行毕业论文（设计）答辩工作，组建答辩小组，指定答辩小组组长、秘书和成员，制订答辩程序，聘请评阅人员，审定学生答辩资格，组织学院开展答辩工作，讨论审定答辩成绩，未完成毕业论文（设计）、有抄袭行为、评定成绩不合格者则不得参加答辩。毕业论文（设计）答辩之前，评审员审查评阅毕业论文（设计），并写出评阅意见，拟定答辩问题，答辩的工作程序为：答辩人员公布答辩规则、学生准备答辩提纲、报告毕业论文（设计）主要内容及创新点、学生根据答辩提问回答、审议答辩成绩，在论文答辩期间，由学院答辩委员会负责巡视工作，确保论文答辩工作的公平公开。

5.3.2.6 成绩评定和专家复审

毕业论文（设计）答辩结束后，答辩评阅人员采用百分制与五级评分制相结合的方式评定答辩成绩，并填写成绩认定表，对于没有达到答辩通过要求的学生，组织二次答辩。同时开展优秀毕业论文（设计）的评选工作，检验毕业论文（设计）的重复率，评定校级优秀毕业论文（设计），对评为"优秀"或"不及格"的毕业论文（设计），及时交由领导小组复审认定，做到公平合理，如果学生和指导教师对评定结果不满意，可以及时向院系进行反馈，要求专家组复审，并公开复审结果。

5.3.3 本科毕业论文质量控制体系建设原则

本科毕业论文写作涉及学生培养计划、时间安排、质量监管等多个方面以及六个关键控制点，要促进毕业论文质量的稳步提升，建立管理体系需要坚持如下原则。

5.3.3.1 全面管理原则

本科毕业论文质量控制体系贯穿毕业论文（设计）管理工作的前期、中期、后期三个环节中，坚持全面管理原则。高质量的毕业论文是学生、学校、指导教师共同努力的结果，学生认真的写作态度，指导教师的负责以及学校制定的与毕业论文（设计）相关的制度和机制在毕业论文（设计）的工作中是缺一不可的。

5.3.3.2 约束与激励原则

学生和指导教师的积极主动性是促进毕业论文质量提升的重要手段，高校出台的毕业论文（设计）的相关政策和文件，规定毕业论文（设计）的撰写格式和标准，对毕业论文（设计）工作起到约束作用，所以约束与激励并举的方式，不仅可以发挥师生的积极性，而且可以约束学生，避免抄袭、剽窃等学术不端的行为出现，增强指导教师的责任意识。

5.3.3.3　*课程教学与毕业论文有机结合原则*

多数学生在进行毕业论文（设计）写作的过程中，对于毕业论文（设计）写作格式和标准了解较少，在大四期间，学校开设了毕业论文写作课程，帮助学生提前了解毕业论文（设计）的流程、基本要求等，培训学生的逻辑思维、创新、论文写作和表述等方面的能力。

5.4　内蒙古财经大学本科毕业论文质量的现状及问题

5.4.1　内蒙古财经大学本科毕业论文质量管理体系的现状

内蒙古财经大学统计与数学学院本科毕业论文质量管理体系是建立在《内蒙古财经大学本科毕业论文（设计）工作管理规定》（简称《规定》）、《内蒙古财经大学本科毕业论文（设计）结构格式标准》（简称《标准》）与《统计与数学学院本科毕业论文（设计）撰写规范》（简称《规范》）这三个重要文件基础之上的。

《规定》对毕业论文（设计）的教学目标和基本要求、教师职责以及毕业论文（设计）工作的环节内容做出具体要求。《标准》对内蒙古财经大学全日制毕业论文（设计）的结构、编排、印刷与装订做出具体规定。《规范》则是针对本学院的专业特色制定论文（设计）撰写规范，对毕业论文（设计）封面、目录、关键词、正文、参考文献等格式做出明确要求。

5.4.2　内蒙古财经大学本科毕业论文质量管理体系的基本情况

依据内蒙古财经大学的《规定》《标准》《规范》对本科毕业论文（设计）工作的要求，统计与数学学院为保障毕业论文质量，采取以下具体措施：

5.4.2.1　*三级管理体制*

学院、教务处、各系中各个层级的教师明确自身职责，认真贯彻落实学校制定的有关本科毕业论文（设计）工作的各项规定，明确毕业论文（设计）工作的总目标，制定具体工作计划，在毕业论文（设计）工作的各个环节中起到监督管理的作用。

5.4.2.2　学生选择与学院指定

在第七学期，各学院根据专业具体情况向学生公布指导教师，召开师生见面会，学生可以根据指导教师的研究方向，在规定时间内确定指导教师，学生选择与学院指定的方式考虑到学生的实际情况，首先让学生选择指导教师，学生在没有合适的导师时，学院指定指导教师，保证每个学生都能及时与指导教师沟通联系。

5.4.2.3　论文指导

在确定学生的毕业论文指导教师后，要求指导教师对毕业论文（设计）工作中的论文选题、提纲、开题报告、论文审阅、修改等工作进行指导和监督，而论文审阅、写评语、评分意见等工作需要指导教师独立完成。

5.4.2.4　论文查重

论文查重是杜绝论文抄袭、拼凑等学术不端的行为出现的有效措施。当学生完成论文写作并由指导教师审阅后，进入论文查重阶段，由学院统一安排，毕业论文（设计）的重复率不能高于30%，否则被认为检验不合格，需要学生对论文进行修改并重新检验，直到检验结果达到查重要求，否则不能参加论文答辩。

5.4.2.5　交叉评阅

在论文答辩前，由学院答辩委员会决定答辩小组组成人员，采用交叉评阅的方式评审学生的毕业论文，即指导教师所指导的学生毕业论文由其他指导教师评审，审核学生的修改稿以及终稿，写出评审意见和成绩，通过了交叉评阅环节后可以组织学生和教师进入答辩环节，而在论文答辩环节的答辩小组成员不包括该学生的论文指导教师，这种交叉评阅的方式可以保证毕业论文成绩的公平。

5.4.2.6　检查督促

学生在专业毕业论文写作的过程中，教务处老师会定期提醒学生及指导教师论文开题报告完成和论文答辩时间，及时检查指导教师的论文指导情况，方便指导教师与学生积极沟通，探讨在论文写作过程中遇到的问题。

5.4.3 内蒙古财经大学本科毕业论文质量现存问题

5.4.3.1 学生被动完成毕业论文任务

在毕业论文（设计）的撰写过程中，学生没有发挥积极主动性，不积极进取，没有严谨的学风，对于毕业论文的重视程度不足，敷衍了事，缺乏创新思维，没有提升毕业论文质量的动力，可能由于毕业论文的选题与学生感兴趣的研究方向相冲突，不能深入剖析选题的意义，对毕业论文（设计）的撰写规范不清楚，查阅文献资料的渠道少，对于文献资料没有进行归纳总结，对研究的问题现状分析不足，整理收集文献资料方面投入时间不足；学生综合素质偏低，理论知识相对薄弱，专业知识不扎实，基础知识匮乏，没有经历实践锻炼，不会利用专业知识分析解决问题，不能将专业领域的理论知识与实际问题结合，本科期间科研经历较少，缺乏写作经验，没有通过实践锻炼提高自身分析、解决问题的能力；论文写作时间与就业时间重合，没有时间和精力去全身心投入毕业论文（设计）的写作过程中，缩短了撰写毕业论文的时间；学校没有建立奖励机制，对指导撰写出优秀毕业论文的指导教师没有进行精神和物质上的激励，导致学生和教师对毕业论文的写作和指导工作缺乏积极性。

5.4.3.2 部分指导教师对毕业论文（设计）工作投入的时间和精力不足

主观角度上看，指导教师的责任心不强，教师没有按照院系对毕业论文（设计）的标准严格要求学生，懈怠工作，不能调动自身的积极性，对科研缺乏一定的兴趣，没有及时督促学生完成论文，导致学生在规定时间内没有完成开题报告和论文查重工作等。客观上，学校师资力量不足，专业指导教师人数少，指导学生人数过多，教学工作繁重，没有合理的教学计划，教学质量不高，从而导致学生的毕业论文质量下滑，不能达到学校的要求，学生缺乏针对性指导，可能学生的论文选题方向与指导教师的研究方向不一致，教师不能对论文的主要内容做出专业指导。部分教师科研经历少，科研能力不足，指导能力有限，没有达到指导学生进行论文写作的标准。

5.4.3.3 本科毕业论文相关的管理规章制度不完善

毕业论文管理机制尚不健全，院系没有制定相应的管理细则，学校监管部门没有及时监督毕业论文的审查和修改工作，管理工作各个环节缺乏具体的考核评定标准，管理部门没有起到监督管理的作用，论文审查机制不健全，缺乏制度约束力，教师和学生对毕业论文（设计）的工作流程不熟悉，执行力不足，思想上容易懈怠，没有遵守工作流程。

5.4.3.4 论文质量评价体系不健全

成绩评分标准不明确，缺乏具体明确的评价指标，教师无法真实评价学生的论文质量，导致论文质量评定混乱，论文质量评价体系单一，只在论文答辩环节进行评分，在毕业论文（设计）工作中的论文选题、论文开题、中期检查等环节缺乏必要的监管和评价。

5.5 本科毕业论文质量管理改进

5.5.1 加强毕业论文全过程管理

成立领导小组，明确小组成员的职责，责任落实明确到人，加强过程指导，调整组织管理工作规范，协调学校各部门建设毕业论文质量管理体系。定期进行质量监控，完善管理规章制度，院系各部门严格遵循论文评价制度，做到毕业论文全过程监管，有机结合质量管理的各个环节，对于论文的选题、开题、答辩等各个环节制订管理细则，建立和完善教学质量评价指标体系，推进质量管理现代化进程。通过毕业论文管理系统进行全过程管理，定期组织教师召开座谈会，要求教师制定工作目标，学校跟踪考核，考察教师的目标完成情况。及时发现解决问题，做好工作总结。开设论文写作课程，培养学生学术素养，教务处及时提醒学生和指导教师在系统中上传各阶段的工作任务结果，严格把控毕业论文（设计）的进度与质量，对于指导教师和学生反馈的毕业论文管理系统中的问题及时解决，对质量不合格的毕业论文（设计）严格审查，妥善处理后果，保障毕业论文管理工作有序开展。

5.5.2 建立高质量的本科毕业论文带教导师库

指导教师要有高度的责任感和严谨的工作作风，了解前沿动态，引进高素质高水平的指导教师，增强责任意识，合理调节师生比例，科学规划教师的教学工作，开展导师研讨会，鼓励教师积极申报课题，注重科研能力的发展，使指导教师有时间和精力指导学生，带领学生掌握专业领域的前沿成果，指导学生选择有理论与实际价值的论文题目，定期针对毕业论文（设计）中存在的问题进行讨论，完善教学管理制度和导师培养机制，开展科研讲座，引进优质教育资源，培养教师的科研能力，推进教学改革，以老带新[82]的方式培养青年教师。构建校内外双导师制度[83]，及时公开教师的研究方向和科研成果，方便学生结合自己感兴趣的研究方向选择指导教师和论文题目。院系可以开展指导教师培训教育讲座，方便教师提前了解在毕业论文（设计）的工作中，指导教师的主要职责和作用，方便教师对自己的指导工作有清晰的认知。导师应引导学生阅读核心期刊，筛选高质量文献。院系可以规定导师论文指导次数与时间，提高教师指导频率，并按时记录指导内容。教师与学生积极沟通，合理规划论文写作时间，提高学生对毕业论文的时间投入，注重学生论文写作的逻辑性和规范性。在论文质量管理后期，建立奖励机制，评选优秀指导教师。对于进度滞后的学生，指导教师可以采取单独辅导的方式，了解学生动态，对学生的毕业论文质量做出反馈和客观评价，方便学生及时修改论文，对指导不力的指导教师，采取公开批评教育的方式。

5.5.3 优化线上线下混合管理及指导模式

以线下指导为主，线上指导为辅，指导教师可以借助互联网线上与学生进行沟通交流，督促学生完成各个阶段的教学任务，线下可以开展会议，针对论文写作环节中出现的问题及时进行讨论并采取措施，确保毕业论文（设计）的指导效果。实施开题报告制度，可以由学院或者指导教师组织实施，并进行过程管理，使用节点控制法，规定各个环节的完成时间，对于没有在规定时间内完成的学生，则不允许进入下一个环节，提升学生对本科毕业论文的重视程度[84]。鼓励学生综合运用所学专业知识找到自己感兴趣的论文选题。在论文的中期检查环节，全面检查毕业论文（设计）的工作进度，查漏补缺，及时调整。

5.5.4 建立毕业论文写作和管理平台

引导学生了解写作规范，知悉学校与毕业论文相关的要求和规范，提高学生写作的积极性，同时也可以在平台上展示优秀毕业论文，方便学生接受学校的学术素养教育，上传指导教师的研究方向和研究成果，学生可提前了解指导教师的个人信息，之后召开师生见面会，以便后期毕业论文（设计）工作中毕业论文选题的顺利进行。灵活调整学生论文（设计）的时间，对于处在考研、寻求就业机会期间的学生可以要求其提前查阅文献资料，同时指导教师也要定期与学生交流，了解其毕业论文进度。学校各部门认真做好各自的管理工作，明确自身责任，确保毕业论文（设计）工作的顺利进行。建立相应的奖励机制，对表现优秀的指导教师给予物质和精神奖励，并且与指导教师的职称评定、考核评优挂钩，提高指导教师对毕业论文（设计）指导工作的重视程度和积极性。

5.5.5 培养师生的科研素养

学校要确保硬件设施齐全，多开展学术交流会，开设论文写作课程，积极鼓励学生参加科研活动，营造良好的学术氛围，培养学生的逻辑思维能力，提高学生写作和表达的积极性，使学生掌握学科领域的前沿信息和最近科研动态，把握毕业论文（设计）的选题类型；也可在大二期间分配指导教师，让学生进入教师课题组，参与基础科研工作，接受科研训练，提高学生的科研能力。教师可引导学生主动收集文献资料，多提供文献资料的收集渠道，撰写学术报告，引导学生参与科研项目，提高学生的论文写作水平，为毕业论文的写作积累经验，在指导教师指导学生进行毕业论文的撰写工作期间，适当调整教师的教学任务，关注师生的心理健康，对于压力较大的学生和教师进行心理辅导。

5.6 结论

总之，结合财经类院校的培养目标和专业特色，优化毕业论文的质量管理控制机制，从学校、教师、学生三个角度出发，总结高等院校的毕业论文（设计）的经验，着重关注六个关键过程点即选题、开题、撰写、中期检查、论文答辩、成绩评定，对不同层级的管理部门职责落实到位，加强毕业论文质量监控的三个步骤即前期、中期、后期的管理，确保毕业论文质量的稳步提升，同时为同类财经类院校建立和完善本科毕业论文质量管理体系提供参考。但由于本研究是针对内蒙古财经大学的统计与数学学院的专业特色，数据及调查对象均来自统计与数学学院的学生和教师，得出的结论有局限性，并且本科毕业论文质量管理的改进措施还需要实践的检验。

6 统计学类专业本科毕业论文质量管理体系建设的对策建议

6.1 统计学类本科毕业论文质量管理体系建设

统计学在现代社会中占有举足轻重的地位，它就像一把神奇的钥匙，打开了理解和分析复杂数据的宝库。从数据的收集、整理到深入的分析，统计学提供了一套完整而科学的方法论，能够运用数据解决实际问题，洞察事物的内在本质[85]。本章参考许平《引入ISO 9000质量管理理念建立高校本科毕业论文（设计）教学质量管理体系的研究》[86]，贝金兰等《基于PDCA循环提升本科毕业论文质量》[87]，韦萍萍等《PDCA循环法在毕业论文(设计)质量提升中的应用——以地方本科院校为例》[88]，李笔锋等《基于PDCA循环的本科毕业设计(论文)质量监管体系研究——以海军工程大学某专业为例》[89]，刘清泉等《毕业设计（论文）的PDCA循环管理模式探索与实践》[90]的理念，依据ISO 9000质量管理体系以及PDCA循环机制构建统计学本科毕业论文质量管理体系，并结合前文得出统计学本科毕业论文质量管理体系建设的研究结果，最后为了全面提升统计学本科毕业论文的质量与水平，针对统计学本科毕业论文呈现出来的现状与面临的问题，给出相应的对策与建议。

6.1.1 本科毕业论文质量管理体系与PDCA循环

ISO 9000质量管理体系的核心思想是产品质量源自生产过程，必须确保影响产品质量的所有因素在整个生产过程中都受到严密监控。ISO 9000质量管理体系倡导采用"过程管理"的方式来确保产品质量，体现了现代管理的精髓与准则：①尊重各方意愿及利益；②精心策划；③严格控制；④规范管理；⑤自我验证；⑥持续完善与改进；⑦预防为主的思想；⑧确保产品的一致性和稳定性[86]。这些原则共同构成了ISO 9000质量管理体系的坚实基础，推动企业不断优化管理，提升产品质量。根据ISO 9000质量管理理念，一个有效的质量管理体系应展现出文件化、程序化、可控性和可追溯性的显著特征[5]。在"论文"教学领域，文件化意味着教学过程中所有活动的内容、标准、要求都须明确记录，并提供达到目标的途径和方法。这使得每位参与者都能依据文件清晰了解各自职责、操作方式、评估标准以及检测手段。程序化则强调所有教学活动须严格遵循学校设定的工作流程，不得随意超前、滞后或形式化；所有程序都应清晰阐述，便于相关人员理解执行。可控性确保与教学质量相关的所有活动，如学生、师资、教学活动、文件、设备、资料及学生管理等，始终处于受控状态，从而有效抑制无章可循、有章不循及人为随意性的现象，保障教学目标的达成。可追溯性则意味着在必要时，能够追踪到论文完成过程中的每一个环节。因此，将ISO 9000质量管理理念引入"论文"教学，并针对其特性构建相应的教学质量管理体系，对于解决当前问题至关重要。

相关资料表明，产品质量的形成不仅紧密关联于质量管理的核心理念，更是产品从构思到实现的完整过程的综合体现。在此过程中，每一个环节都承载着影响产品质量的重要责任。为了深刻揭示产品质量形成的核心机理，本研究积极借鉴了在企业界广受赞誉的ISO 9000质量管理体系标准，并巧妙地将其融入本科毕业论文的质量管理之中，目的在于构建一个高效且实用的质量管理体系，从而大幅提升本科毕业论文的整体质量水平，确保每一篇毕业论文都能达到甚至超越预期的学术标准。

以ISO 9000质量管理体系为指导，重点强调质量管理规范流程中的循环机制。在进行全面质量管理时要注重策划、实施与控制本科毕业论文质量管理体系的建设，深入分析不合格的原因，及时纠正并进行持续改进，从而不断丰富和提升本科毕业论文质量的品质内涵[86]。全面质量管理的工作程序——PDCA循环，是由计划（Plan）、执行（Do）、检查（Check）、处理（Action）四个核心步骤构成。其精髓在于不断遵循Plan-Do-Check-Action（简称PDCA）的管理循环进行运作，每一次循环都是对前一次的提升与超越，从而推动产品质量不断跃升到新的高度。这一循环模式确保了产品质量的持续改进与提升，在论文教学中也能有保证本科毕业论文质量呈现出螺旋式的上升。

PDCA循环是一种高效且科学的工作方法，它使得使用者的思考更加系统化、条理化，工作流程更加清晰、可视化[87]。其特点鲜明，主要体现在以下几个方面：

首先，PDCA循环具有层级嵌套的结构特性，大环套小环，小环支撑大环，共同推动整个循环体系的高效运转。这种结构不仅适用于大型工程项目，也灵活适用于企业内部的各个层级，从科室、工段到班组、个人，各级循环紧密围绕企业总体目标，形成协同合作、相互促进的良性互动，使各项工作能够有机衔接，形成整体合力。

其次，PDCA循环是一个不断进取、持续提升的过程。它像攀登阶梯一样，每完成一个循环，生产质量就迈上一个新台阶。在此基础上，再次设定新的循环目标，继续推进、继续提高，形成了一种永不止步、追求卓越的动力机制。

最后，PDCA循环展现了一种螺旋式上升的趋势。每一次循环并不是简单重复，而是在解决问题、取得成果的基础上，实现工作水平和品质水平的进一步提升。每完成一个PDCA循环，都会进行深入总结，明确新的目标，开启新一轮的循环。这样，品质管理的车轮在PDCA循环的推动下不断向前滚动，推动企业品质水平和管理能力持续迈上新的高度。

在P（计划）环节中，根据用户的具体需求，精心设定企业质量管理的目标、方针、计划、标准和管理项目，并针对性地制定实施措施与具体方法。对于某些复杂的项目，P阶段可能涉及庞大的系统工程，这就需要借助PDCA循环的力量，不断迭代和完善，确保计划既全面又具备可操作性。通过这样的循环优化，能够确保质量管理体系的稳健推进与持续改进。

D（执行）环节是确保计划落地的核心步骤，它要求严格按照预设的要求和标准来推进。在启动新项目前，必须从思想上和实际操作上做好全面准备，确保每位参与者都清晰了解并遵循相关标准。特别是针对关键零部件和工序，会组织专项培训，以提升相关人员的专业技能和执行力。通过这些精心准备和专项培训，为项目的顺利执行提供了有力保障，确保每一步都精准到位。

C（检查）环节是对执行与实施成果进行全面评估的关键步骤，旨在确认是否达到预期的计划目标。在此过程中，可能会发现原有计划中的不足之处，比如目标设定不合理或实施措施不够完善等。通过这一环节的精准检查，能够迅速识别问题，为后续的改进提供有力支撑和明确方向。

A（处理）环节是对检查阶段发现的问题进行深度剖析的重要环节，通过精准定位问题根源，并采取针对性的纠正措施，确保问题得到有效解决。经过一段时间的验证，若系统运作稳定无异常，便可将形成的经验固化为标准，为后续执行提供坚实支撑。至此，一个完整的PDCA循环圆满落幕，同时也为下一轮循环的开启奠定了更为坚实的基础。PDCA循环的四个阶段如图6-1所示。

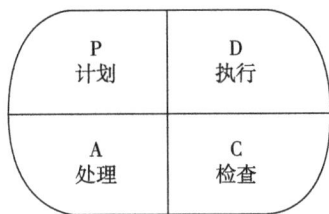

P 计划	D 执行
A 处理	C 检查

图6-1　PDCA循环的四个阶段

将PDCA循环用于本科毕业论文的质量管理是一个严谨且系统的过程，它涉及以下八个不可或缺的步骤：①发现教学中的各种问题。通过日常观察、学生反馈、教学评估等方法，发现教学过程中存在的问题。②深入分析这些问题的根本原因。

对发现的问题进行深入剖析，探究其背后的深层次原因，比如教学资源不足、教学方法不当等。③确定影响教学质量的主要因素。从诸多原因中筛选出对教学质量影响最大的因素，将其作为改进的重点。④制定针对性的教学质量改进计划。根据分析出的主要因素制定具体可行的改进措施，并且明确实施步骤和时间表。⑤按计划实施改进措施。按照制定的计划逐步实施各项改进措施，确保每个步骤都能够得到落实。⑥评估改进措施的效果。通过对比改进前后的教学效果，评估改进措施的有效性并根据评估结果及时调整策略。⑦巩固改进成果。对已经取得的改进成果进行巩固，确保这些成果能够持续发挥作用。⑧解决遗留问题，为教学质量提升打基础[88]。针对未能完全解决的问题，制定后续的解决方案，为教学质量的持续提升奠定基础。PDCA循环的八个步骤如图6-2所示。

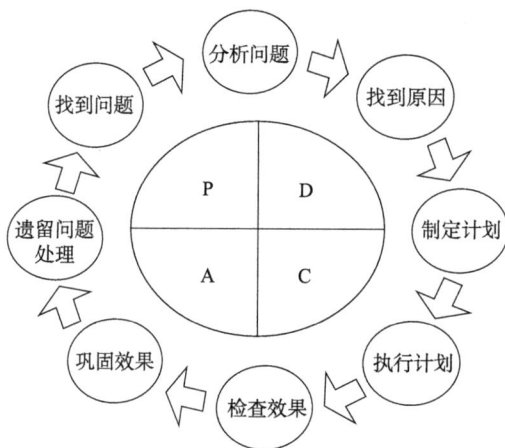

图 6-2　PDCA 循环的八个步骤

6.1.2　统计学类本科毕业论文质量管理体系的架构

统计学类本科毕业论文的写作过程通常要经历选题、文献综述、确定研究内容和方法、收集数据、分析数据、得到结论、给出建议几个过程。本研究运用了ISO 9000质量管理理念以及PDCA循环，构建了统计学本科毕业论文质量管理体系，如图6-3所示。

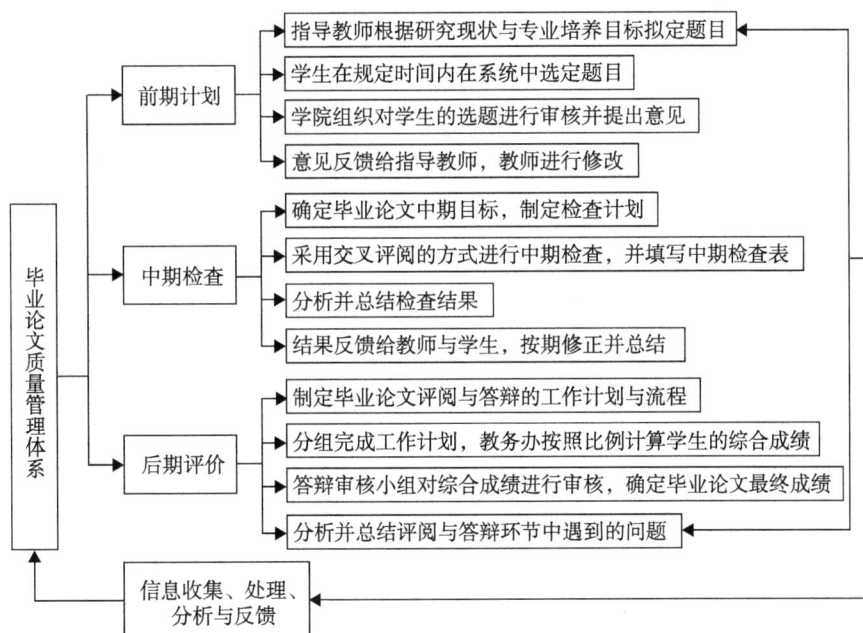

图 6-3 统计学类本科毕业论文质量管理体系

6.1.2.1 前期计划

选题与审题，作为毕业论文工作的起点，其重要性不言而喻。选择一个难度适中的课题，对学生而言至关重要。而这样的选题，既能够让学生系统学习的专业理论知识得到恰当的实践应用，又能在要求更高的毕业论文综合训练中得以顺利施展。而一个与专业培养目标高度契合的选题，更是确保本科人才培养目标得以实现的关键所在。因此，选题与审题不仅关乎学生毕业论文的顺利完成，更是实现本科人才培养目标的重要基石。

在计划阶段，指导教师需依托自身的研究专长或工程实践经验，通过深入调研并细致分析课题的当前研究状况，来精心拟定毕业论文题目。为确保选题间的明确差异性和创新性，所有拟定的选题之间需有明确的区分度，并且需要避免与往年选题重复，以体现研究的独特性和新颖性[89]。

进入行动阶段，学生需要在教务网上逐一进行选题操作，并在确认无误后提交至系统。这一环节旨在确保学生根据个人兴趣和专业发展方向，选择适合自己的研究题目，为后续的研究工作打下坚实基础。

在检查阶段，学院将特别成立一个专业且经验丰富的专家组，对学生的选题进行集中、细致的审核。审核工作将围绕多个关键维度展开，包括选题的来源与依据是否充分、与专业培养目标的契合度是否高、难易程度是否适中以及选题之间的区分度是否明确等。对于未能通过审核的选题，专家组将及时给出反馈，并要求指导教师根据建议重新调整题目。同时，指导教师将指导学生按照修改后的题目进行毕业论文指导工作，确保选题的科学性、合理性和研究的实际可行性，从而为学生顺利完成毕业论文奠定坚实基础。

在总结阶段，学院将全面梳理选题和审理过程中发现的问题和不足，为下一轮PDCA循环提供改进依据，进而不断优化毕业论文工作的规范与制度，提升整体工作质量。

6.1.2.2　中期检查

毕业论文中期检查是整个过程中不可缺少的关键一环。通过对这一环节的深入检查，能够全面掌握学生毕业论文的进展情况，以及了解指导教师是否按照要求及时履行其指导职责。基于中期检查所得结果，可以迅速调整工作部署，确保学生和指导教师能够严格按照时间节点推进毕业论文工作，最终确保毕业论文工作的顺利完成。这一环节不仅有助于提升毕业论文的质量，更有助于督促学生和指导教师保持高效的工作状态，共同为完成高质量的毕业论文而努力。

在计划阶段，学校各方需要经过深入讨论，明确毕业论文中期检查应达成的目标，并根据实际情况精心制定中期检查的具体计划和实施方案。

进入行动阶段，学校将严格按照预先制定的检查方案行事。教学系统将负责统一协调与安排中期检查的相关事宜，并采取交叉检查的方式，确保检查的客观性和公正性[90]，即教师A负责检查教师B指导的学生的毕业论文，检查内容涵盖毕业论文任务书、进度表、开题报告、英文文献翻译等，同时关注毕业论文工作的实际进展是否与进度表相符，以及指导教师是否及时给予了学生有效的指导。

在检查阶段，教师将严格地依据毕业论文工作的相关规范与制度，逐项检查指标的完成情况，并对每一环节的质量进行客观公正的评价，确保评价结果的准确性和公正性。随后，教务办将承担起汇总中期检查表的重要任务，通过深入的数据统计分析，全面揭示毕业论文工作的现状和问题。统计结果将及时反馈给教学系统、指导教师及学生，并提供有针对性的改进建议。学院将密切关注整改工作的进展，确保各方能够按期完成整改任务，推动毕业论文工作的持续改进和提升。教学系统将负责跟踪调查整改的效果，确保问题得到妥善解决。

在总结阶段，学院将系统归纳中期检查中发现的问题，深入分析问题的成因，为下一轮PDCA大循环时修订毕业论文工作的规范与制度提供有力的依据，推动毕业论文工作的持续改进和优化。

6.1.2.3 后期评价

评阅答辩作为毕业论文的收官环节，是全面检验学生论文完成质量的关键环节。通过严谨的组织与管理，能够确保评阅答辩在公平、公开、公正的氛围中顺利进行，使得最终成绩能够真实反映学生在毕业论文中所付出的努力与毕业论文所达到的质量水平。这一过程不仅是对学生学术成果的客观评价，更是对学生学习成果的一次全面展示。

在计划阶段，学校将结合相关要求和实际情况，深入探讨并制定毕业论文评阅与答辩的详细工作计划与流程，并通过多种渠道进行广泛宣传与动员，确保各项工作有序展开。

教务办将遵循独立评阅或盲审的原则，通过随机方式选定本科毕业论文的评阅教师，以确保客观性和公正性，同时避免同一专业的专任教师参与评阅[90]64-65。评阅教师将以严谨、公正的态度对毕业论文进行全面评价，并依据既定的工作制度进行评分。评分表必须由评阅教师签字确认，并直接提交至教务办。教务办将根据评分结果来确定学生是否有资格参加答辩。在答辩环节中，将严格执行指导教师回避制度，以确保答辩的公正性。同时，整个答辩过程将接受学校督导的全面监督与检查。答辩结束后，答辩小组需及时将评分表汇总并提交至教务办。教务办将综合考虑指导教师、评阅教师以及答辩委员会的评分，按照既定比例计算出学生的综合成绩，并最终提交至毕业答辩成绩审定小组进行审定。

在检查阶段，成绩审定小组会认真严谨地审核每位学生的综合成绩，对于答辩过程中出现的问题进行妥善处理，并对存在的异议进行充分有效的讨论。在此基础上，小组将审慎地确定每位学生的成绩等级，并推选出优秀的毕业论文报送至学校，以表彰学生的学术成果。

进入总结阶段，将对评阅与答辩环节中出现的问题进行深入剖析，探寻问题产生的根源。这些分析结果将为下一轮PDCA大循环中优化工作制度与工作规范提供有力的依据，帮助学校各方更精准地识别改进点，从而推动毕业论文工作的持续改进和学术水平的不断提高。

6.2　主要结论

本研究通过运用文献资料法、数理统计法和问卷调查法等方法，从本科毕业论文质量标准、统计学类本科毕业论文基本状态、统计学类本科毕业论文质量影响因素、本科毕业论文质量控制典型案例四个方面进行统计学类专业本科毕业论文质量管理体系的建设研究，研究结果如下。

6.2.1　统计学类本科毕业论文存在的问题

统计学类本科毕业论文在选题、统计方法使用、参考文献引用、指导教师指导和成绩等方面存在一定的问题和挑战。

6.2.1.1　选题方面

①选题类型以应用研究为主。统计学类本科毕业论文大多聚焦于应用研究，基础研究相对较少。②选题范围偏宏观。选题多集中在宏观层面，如"全国""我国"等，导致数据获取难度大、分析复杂度高、实际应用价值低等问题。③选题内容集中。热门选题集中在"经济增长、数字经济、经济发展"和"消费、收入"等方面。④选题难度不合适。部分学生认为选题简单，也有部分学生认为选题较难。⑤选题来源多样导致缺乏新颖的研究方向。学生选题主要来源于自拟与导师指定，但学生在选题时普遍避难就易，缺乏创新性。

6.2.1.2　统计方法使用方面

①统计方法种类多样。学生常用的统计方法包括统计图表、回归分析、时间序列分析等，但聚类分析、主成分分析等复杂方法使用较少。②统计软件普及不全面。大部分学生使用Excel、Stata、SPSS等软件进行数据分析，但MATLAB、Python等编程类软件使用较少。③统计知识掌握不足。学生对统计方法的了解程度普遍停留在较为了解阶段，存在统计知识掌握不扎实、数据收集和整理有误、统计软件误用等问题。

6.2.1.3　参考文献引用方面

①参考文献数量与类型。学生引用的参考文献数量逐年增加，但主要集中在

期刊和学位论文上，对核心期刊的引用较少。②文献质量与时间。学生引用的文献存在时间久远、质量较低的问题，会影响论文的前沿性和创新性。③引用格式不规范。多数学生对文献引用格式了解不充分，存在格式错误和标注不规范的问题。

6.2.1.4 指导教师指导情况

①师资力量不足。指导教师人数和职称结构基本稳定，副教授是主要师资力量，但会出现一位指导教师同时指导数名学生的情况。②指导方式多样但频次较低。教师主要采用通信软件、面对面谈话、线上会议和邮件等方式进行指导，但存在指导次数不足的问题。③学生对指导教师满意度不同。尽管大部分学生对教师的指导表示满意，但仍有少数学生表示不满意。

6.2.1.5 成绩方面

①总体成绩稳定但下滑。指导教师和答辩成绩的平均分逐年降低，反映出毕业论文质量有所下降。②成绩分布变化。成绩集中在70～89分区间，高分段90～100分学生比例较低，不及格学生数为零，但及格和中等成绩学生比例增加。

6.2.2 统计学类本科毕业论文质量主要影响因素

对于本科毕业论文质量影响因素，通过调查及分析可以得到统计学类本科毕业论文质量的影响因素主要有三个方面，分别为学生、指导教师以及学校。

6.2.2.1 学生视角下的影响因素

（1）写作情况。学生对本科毕业论文的重视程度较高，大部分学生认为论文写作作为毕业指标是有必要的。学生在撰写过程中尝试使用前沿的研究方法和视角，但具体创新性和实践效果存在差异。

（2）师生互动。学生与导师的交流频次需要适中，但交流内容和方式可能影响论文质量。师生互动中的资源支持、指导方式等因素对学生论文写作过程满意度有显著影响。

（3）学校组织管理。学生对学校提供的毕业论文指导性文件清晰度、学术活动组织等方面的满意度存在差异。学校组织管理工作对论文写作过程的顺利程度有重要影响。

（4）满意度分析。学生对论文准备、资料收集、数据分析等环节的顺利程度和满意度较高，但对论文创新性和学术价值的满意度相对较低。个人成长与能力提升、情感投入与满意度等方面均对综合满意度有显著影响。

6.2.2.2 指导教师视角下的影响因素

（1）教师基本情况。指导教师职称结构以副教授为主，指导经验丰富，但每位教师指导学生人数较多。

（2）师生互动。指导教师主要采用面对面交流和社交媒体沟通，但电子邮件和线上会议也是重要方式。每周交流频次需要适中，但具体指导效果受沟通内容和深度影响。

（3）观点态度。指导教师普遍认为学生学术基础和研究兴趣对论文质量有显著影响。论文选题的科学性和合理性、学生的写作思路等也是影响论文质量的重要因素。

6.2.2.3 学校视角下的影响因素

（1）学校组织管理。大部分指导教师认为学校学术氛围比较浓厚，但资源和技术支持方面仍有提升空间。毕业论文审核流程和答辩环节设置对论文质量有直接影响。

（2）论文满意度。指导教师对论文各个环节满意度多集中在一般到满意之间，对论文创新性和学术价值的满意度较低。指导教师认为学校在加强组织培训、提供研究资源和设施等方面需进一步改进。

最后，融合ISO 9000质量管理理论与PDCA循环的核心理念，构建了针对统计学类本科毕业论文的全面质量管理体系。

（1）前期计划阶段。在此阶段，指导教师紧密结合当前研究动态与专业教育目标，策划并拟定论文题目。学生在规定时限内在系统中自主选定题目。学院组织专家团队对学生的选题进行严格审核，提出建设性意见。这些意见及时反馈给指导教师，指导教师根据反馈进行必要的调整与优化。

（2）中期检查阶段。明确毕业论文的阶段性目标，并制定详尽的检查计划。采用交叉评阅的方式实施中期检查，确保评价的客观性与公正性。检查过程中，要详细填写中期检查表，深入分析并总结检查结果，随后将反馈及时传达给教师与学生，指导双方根据反馈进行针对性改进与总结，确保论文进度与质量双轨并进。

（3）后期评价阶段。制定毕业论文评阅与答辩工作流程，确保每个环节都有章可循。通过分组实施，提高工作效率，教务办则依据既定比例科学计算学生的综合成绩。答辩审核小组对综合成绩进行严格审核，最终确定毕业论文的成绩。同时深入剖析评阅与答辩过程中遇到的问题，总结经验教训，为后续工作提供宝贵参考。

（4）信息收集、处理、分析与反馈阶段。为确保质量管理体系的闭环运行，要通过对整个论文管理过程中识别出来存在的问题深度分析、及时反馈，才能为下一轮PDCA循环提供有力支撑。如此循环往复，就能够不断优化与提升统计学类本科毕业论文的质量管理水平，推动教育质量的持续提升。

6.3　对策建议

6.3.1　统计学类本科毕业论文质量管理体系的改进思路

本科毕业论文质量管理体系的构建是一项系统而复杂的工程，它根植于现有的教学管理制度，并进行深入的创新与整合[5]33。统计学类本科毕业论文质量管理体系建设的总体思路旨在构建一个科学、系统且可持续的质量管理框架，以充分保障和提升毕业论文的学术价值。在构建质量评价体系的过程中，对于统计学类本科毕业论文质量管理体系的改进思路如下：

6.3.1.1　理论基础与标准构建

致力于全面梳理和总结毕业论文质量评价的标准、技术与方法，以及相关的理论与经验。通过深入研究国内外的理论成果和实践案例，形成与学校特色相契合的质量评价体系，并探索出一系列高效的评价技术和方法。这些成果为质量管理体系的构建奠定坚实的理论基础，并提供切实可行的操作指导。同时深入汲取高等教育研究的理论精髓，对影响本科毕业论文质量的各个理论环节进行系统且细致的梳理。从选题的前瞻性、文献综述的广度深度，到研究方法的科学性、数据分析的精准性，再到结论与讨论的深刻性，力求形成一套严谨而全面的毕业论文质量标准。

6.3.1.2 目标定位与引入PDCA循环

明确毕业论文教学的目标定位，并深入总结现存的毕业论文教学质量管理的经验与方法。毕业论文旨在培养学生的创新能力和综合素质，因此在质量管理体系中要着重体现毕业论文教学的目标定位。同时要充分借鉴现有的教学质量管理经验，并不断完善和优化质量管理体系，确保其符合学校的教学要求和学生的实际需求。接着引入PDCA循环管理模式，为质量管理工作注入新的活力。在计划阶段，精心策划，确保论文指导与写作的每一步都有条不紊；在执行阶段，强化监督与指导，确保论文质量稳步提升；在检查阶段，进行全面而深入的评估，发现问题并提出针对性的改进措施；在处理阶段，总结经验教训，推动质量管理体系的持续优化。

6.3.1.3 体系结构与运行机制

重视毕业论文质量评价与监控体系的结构与运行机制建设。构建一个结构清晰、职责明确的质量评价与监控体系，能够确保各个环节的顺畅运行和有效衔接。同时要建立高效的运行机制，通过定期的质量评价和监控，及时发现问题并进行改进，能够使得质量管理体系持续优化和提升。此外紧密结合本科毕业论文质量的现状，对现有质量评价与管理做法进行深入剖析。通过巧妙的技术组合，构建一个既体现学校特色又符合时代要求的毕业论文质量管理体系。这一体系不仅要明确质量标准，还要提供有效的评价方法和严格的监控机制，以确保质量管理体系的良性循环与持续改进。

6.3.1.4 实践应用与持续改进

积极推动毕业论文质量评价与监控体系的实践应用。将这一体系融入学校的毕业论文管理工作中，通过实践检验和不断完善，推动本科毕业论文质量的稳步提升。最后将这一先进的质量管理体系应用到学校的毕业论文管理实践中，通过不断地实践检验与调整优化，使得其更加符合实际、更加高效。同时也积极鼓励师生参与质量管理体系的建设与完善工作，共同为提升本科毕业论文质量贡献力量。

6.3.2 统计学类本科毕业论文质量管理体系的对策建议

6.3.2.1 提高学生的综合素质和专业能力

1.提高学生对毕业论文的认识和重视程度

毕业论文，对于统计学类专业的学生而言是一次严峻的挑战，也是学生学习生涯中浓墨重彩的一笔。这不仅是一项学术任务，更是多年学习成果的集中展示，是学生走向社会、迈向职业生涯的重要跳板。毕业论文的重要性不言而喻，它是对学生专业知识掌握程度的一次全面检验，也是对实践能力的一次深度考察。在撰写论文的过程中，学生需要将所学的统计学知识、方法和技能综合运用，解决实际问题，这是对所学知识的一次大考。同时，毕业论文也是培养学生创新精神和实践能力的重要载体[91]。在论文的研究过程中，学生需要独立思考，勇于创新，不断探索新的研究方法和思路，这对其未来的学术研究和职业发展都具有重要意义。

学生对毕业论文的态度直接影响其最终的成果。一方面，有些学生可能对毕业论文的重要性认识不足，认为这只是一个形式，或者是一个可以轻易应付的任务。这种态度会导致学生在撰写论文时投入的时间和精力不足，进而影响论文的整体质量。另一方面，有些学生对毕业论文的基本流程感到陌生，不知道从何下手，这也可能导致学生在论文写作过程中遇到诸多困难。因此，需要引导学生正确看待毕业论文，让学生认识到毕业论文的重要性，并帮助学生熟悉毕业论文的基本流程。为了加强学生对毕业论文的认识和重视程度，可以从以下几个方面入手。

（1）学院应组织一场前期的毕业论文动员大会，旨在通过这一隆重的场合，集中地向学生强调毕业论文的重要性。各系各专业应充分发挥自身优势，加大宣传力度，明确告知学生，毕业论文不仅是对学生学术能力的全面检验，更是学生顺利毕业的关键一环。这样的宣传旨在让学生从内心深处对毕业论文产生高度的重视和敬畏之情。

（2）学院还可以组织专题讲座或主题班会，为学生提供系统的毕业论文基本流程培训，确保每位学生都能明确了解并熟悉毕业论文的各个环节和步骤。这些活动可以帮助学生了解从选题、开题、撰写到答辩的各个环节，明确每个阶段的任务和要求。同时，也可以提供一些实用的写作技巧和注意事项，帮助学生更好地完成毕业论文。这些讲座和班会可以深入探讨毕业论文撰写与实习、找工作、考研、考公务员等活动之间的关系。通过理清它们之间的本末关系，可以防止学生因过度关注其他事务而忽视毕业论文的撰写。要让学生明白，如果毕业论文没有顺利过关，那么其他一切活动都将失去意义。这样的讲座和班会能够进一步加深学生对毕业论文重要性的认识。

（3）学院可以积极邀请企业来校开展相关专题座谈会，搭建学生与企业交流的桥梁。在这些座谈会中，企业代表将分享他们在招聘过程中对学生能力的期望与要求，特别是对学生逻辑架构能力和收集运用资料技能的重视。通过这样的交流，学生可以深刻认识到毕业论文的撰写不仅是学术要求，更是提升自身竞争力、满足企业需求的重要途径。这样的座谈会能够使学生真正意识到毕业论文的重要性，进而以更加认真、严谨的态度对待毕业论文的撰写工作，努力提升论文质量。

2.提高学生的论文撰写能力

统计学类本科毕业论文的撰写，是对学生大学四年学术积累与能力的全面检验。它不仅要求学生能够独立思考、深入调查研究，还要能够精准发现问题、科学分析问题并有效解决问题。若缺乏针对性的训练，想要写出高质量的毕业论文是一项巨大的挑战。对于文献检索与处理能力也同样重要，学生需要从海量的文献中筛选、提炼出有价值的信息，为论文提供坚实的支撑。而综合分析能力和书面表达能力也是不可或缺的关键技能，它们帮助学生将零散的知识点串联成逻辑严密的论述，使得论文条理清晰、言之有物。因此，在学生前三年的培养中，不能仅满足于基础知识的灌输，更要注重实践能力的锤炼。学校应转变传统的教学观念，加大实践课程的比重，让学生在动手操作中深化对知识的理解，掌握解决实际问题的技能。为切实提高学生毕业论文的质量，需从多方面着手，做好相关工作。

（1）专业课程的学习是毕业论文写作的基础。学院应高度重视专业课程的教学质量，特别是强化统计学知识体系的建构，确保学生扎实掌握统计学基础理论、核心统计方法以及前沿的统计软件应用技能。通过精心设计的课程体系与实践环节，为学生奠定坚实的统计学基础，从而有效提升他们在毕业论文撰写过程中的数据分析能力、问题解决能力和研究设计能力。

（2）为了更加全面地评估学生的能力，教师可以通过布置课程论文的方式，引导学生主动查阅文献、深入研究专业内容，并以规范的格式展示研究成果，从而训练学生的学术论文写作能力。部分专业选修课的考核方式可以进行调整，以课程论文的形式替代传统的期末考试，这样不仅能鼓励学生深入探索专业问题，还能增强学生对论文写作的重视程度，进一步培养学生的学术素养。

（3）学院还可以不定期举办学术论文撰写比赛等活动。这不仅能够激发学生的写作热情，营造浓厚的学术氛围，还能让学生在比赛中相互学习、交流经验，共同提升学术论文的写作水平。

（4）针对少数民族学生，学校应特别关注其普通话水平和学术写作能力的培养。普通话作为学术论文写作的基础工具，对于少数民族学生来说尤为关键。学校应当进一步强化普通话教学工作，确保少数民族学生能够熟练掌握并运用普通话进行学术论文的写作，为其撰写高质量的毕业论文奠定坚实的语言基础。为了更有效地提升少数民族学生的写作水平，学校可以借鉴以往汉族学生帮扶少数民族学生学习国语的成功经验，并结合毕业论文指导的实际需求，组织帮扶活动。具体而言，可以组织优秀的汉族学生志愿者，针对少数民族学生在书面语言运用、论文逻辑构建、计算机 Word 应用以及绘图制表等方面的薄弱环节进行有针对性的帮扶[92]。通过汉族学生的示范与指导，可以帮助少数民族学生逐步克服语言障碍，提升论文写作技能，确保学生的毕业论文能够达到学术要求，展现出较高的水平。这种互助学习的方式不仅能够提升少数民族学生的学术写作能力，还能促进不同民族学生之间的交流与融合，实现共同进步。

6.3.2.2 加强指导教师的队伍建设

指导教师不仅是毕业论文写作的领路人，教师的学术造诣和责任心更直接关乎学生毕业论文的质量。优秀的指导教师凭借其深厚的学术积淀，能为学生提供宝贵的指导建议，助力学生拓展思维、深化研究[93]。指导教师的责任心也是确保毕业论文质量的关键。负责任的教师会认真对待学生的每一篇论文，从内容到格式，从结构到逻辑，都会进行细致的审阅和修改。教师通过提出针对性的修改意见，帮助学生不断完善论文，直至达到学术标准。在这个过程中，指导教师不仅是学生的学术导师，更是学生成长道路上的良师益友。

1.提高指导教师的责任心

应优先选拔那些具备高级职称、高学历、教学成果卓越、科研水平高超且责任心强的教师来担任这一重任。这些教师不仅拥有丰富的学术经验和深厚的专业知识，更能够为学生提供精准的指导和宝贵的建议，确保学生在毕业论文的撰写过程中少走弯路，取得更好的成果。在选择指导教师时，学生应根据自身的兴趣与专长，自主选择具备指导资质的教师。这样的选择有助于学生在教师的指导下，更加深入地探索自己感兴趣的领域，发挥自身的优势，提升论文的质量。在论文选题环节，教师需结合自己的专业特长与科研方向，与学生共同探讨并确定合适的论文选题。选题应既符合学生的兴趣和专长，又能体现教师的研究方向和学术价值，以确保论文的可行性和创新性。选题确定后，学生需进行开题报告，详细阐述对题目的理解程度、资料准备情况、写作思路及研究方法等。这一环节对学生而言极具挑战性，因此教师的细致指导至关重要。教师应针对学生的报告内容提出宝贵的意见和建议，帮助学生完善论文框架，明确研究方向。然而当前对指导工作的考核仍然缺乏明确的质量标准和量化精度，这在一定程度上影响了教师的指导积极性。为了激发指导教师的指导热情，提升整个指导工作的质量，应加强对论文指导工作的科学考核，建立合理的奖励机制，激励教师增强责任意识，为学生的毕业论文提供更为优质的指导。

2.提高指导教师的学术水平

提高教师的学术水平是一个复杂且需要多方面共同努力的过程。

（1）主观上，教师自身的学习态度和努力至关重要。教师应时刻保持对新知识、新理论、新方法和新技术的热情和好奇心，不断充实自己的知识储备，为科学研究奠定坚实的理论基础。只有不断地学习和探索，教师才能在学术领域取得更多的成果，并不断提升自己的学术水平。

（2）客观上，学校和基层组织应当为教师提供宽松而富有挑战性的科研环境。这包括确保教师拥有充足的科研时间，使得教师能够专注于研究工作；提供先进的科研设备，以满足教师在科研过程中的各种需求；还要为教师提供广泛的学术交流机会，让教师能够与同行进行深入的探讨和合作，形成良好的科学研究氛围。

（3）建立科学的科研激励机制也是提高教师学术水平的关键。通过合理的奖励机制，可以激发教师的科研热情，促使教师更加积极地投入科研工作中。

（4）为了快速提升教师的学术水平，还需加强与名校、大型企业、政府机关和社会组织的联系与合作。通过实行开放式办学，教师可以借鉴他人的智慧和经验，实现资源共享和优势互补[94]。与名校的合作也可以引进先进的教学理念和科研方法；与大型企业的合作可以推动产学研结合，促进科研成果的转化和应用；与政府机关和社会组织的合作则可以为教师的研究提供更多的实践机会和资金支持。通过这样的合作，教师可以不断拓宽自己的视野，增加合作共赢的机会，进而增强科研实力，提高综合竞争力。

6.3.2.3 合理分配资源，完善毕业论文监管制度

1.合理配置资源，优化论文环节

当前，为了确保学术论文的高质量和学术价值，论文环节的设置确实已经相当

完善，涵盖了从选题、开题、撰写、评阅到答辩等多个重要环节。然而这些环节是否能够真正发挥其应有的作用，却并非只取决于环节的完善程度，更在于是否有相应的资源与之匹配，以及相关人员是否能够充分履行其职责。

现实中，常常发现一些论文环节在实际操作中并未得到足够的重视和有效的执行。例如，论文的课时往往全部由指导教师一人占用，而论文质量形成的评阅环节、预答辩环节、论文形式审查环节等却没有专门的课时，这导致这些环节在实际操作中往往形同虚设，未能发挥其应有的作用[95]。评阅环节是确保论文质量的重要一环，它需要经验丰富的学者对论文进行细致的审阅和评估，提出宝贵的意见和建议。但由于缺乏相应的课时和资源支持，评阅人员往往无法投入足够的时间和精力进行深入的评阅，导致一些本可以发现的问题未能被及时发现。预答辩环节是论文质量控制的又一道重要关卡，它旨在通过模拟答辩的形式，对论文进行全面的检查和评估。但同样由于资源和人员的不足，预答辩环节往往流于形式，未能真正发挥其应有的作用。论文形式审查环节同样重要，它涉及论文的格式、引用、数据等多个方面，是确保论文是否符合学术规范的关键环节。同样由于缺乏足够的资源和重视，这一环节也往往被忽视，导致一些形式上的问题未能得到及时纠正。

因此，为了确保论文质量，必须合理配置论文质量形成各环节的资源，充分调动各环节工作人员的积极性。通过增加课时、提供必要的资源支持，以及加强人员培训和管理，使得这些环节真正发挥其应有的作用，从而提高论文的整体质量。

2.细化毕业论文过程管理制度

目前统计学类专业毕业论文教学环节的管理主要依赖于学校层面的通用文件，缺乏针对专业特色的细化指导[93][121]。因此，为了更有效地强化毕业论文的过程管理，亟须根据统计学类专业的学科特点和专业定位，结合学校的整体要求，制定一系列细化的过程管理制度。

这些制度应详细规定从选题、开题、撰写、修改到答辩的每一个环节，确保每一步都有明确的指导和要求[96]。为此可以制定《毕业论文工作手册填写规范要求》，对工作手册中的各类表格进行细致入微的说明和规定，从完成进度、具体内容到格式规范，都提出清晰明确的要求，使学生能够明确了解并遵循操作规范。同时，这些制度应与学校使用的毕业论文管理系统无缝对接，实现线上线下信息的实时同步，使论文过程管理更加科学、高效。通过系统的辅助，可以实时掌握学生的论文进度，及时发现问题并进行有效指导，确保论文的顺利进行。不仅如此，还应建立

《毕业论文质量评价体系》，将毕业论文过程的各关键环节纳入整体评价中，并细化质量标准和评价依据，确保评价结果的客观性和公正性。这一体系将提供全面、准确的毕业论文质量评估，为改进教学工作提供有力支持。在毕业论文撰写过程中，及时向学生公开这些制度，确保学生了解并遵守相关规定。学校将严格执行这些制度，对违反规定的学生进行严肃处理，以维护毕业论文的严肃性和权威性。通过这些措施的实施，能够督促学生以更加认真、负责的态度完成毕业论文，确保毕业论文的质量水平达到新的高度。

（1）在制定毕业论文管理制度时，必须紧密结合统计学类院系的专业特色。统计学作为一门严谨且实践性极强的学科，其毕业论文的要求和难度都有其独特性。因此不能简单地套用其他专业的论文管理制度，而是要根据统计学的学科特点，制定出具有针对性和可行性的制度。这样的制度才能真正贴近学生的实际需求，提供有效的指导和帮助。

（2）毕业论文管理制度的具体内容条款必须清晰明确，责任到人。在论文写作的各个环节，如选题、文献综述、数据收集与分析、论文撰写与修改等，都应明确责任主体和具体职责[97]。这不仅可以避免责任不清、相互推诿的情况，还能确保每个环节都有专人负责，从而提高整个论文写作过程的效率和质量。

（3）奖惩分明也是毕业论文管理制度中非常重要的一部分。对于在毕业论文工作中表现突出的学生和教师，应给予适当的奖励和表彰，以激励他们继续努力，为统计学专业的发展做出更大的贡献。同时对于工作不力、敷衍塞责的行为，也要给予相应的惩罚和警示，以维护学术的严肃性和公正性。

（4）在完善毕业论文管理制度的过程中，还应注重与学生的沟通和反馈。学生是论文写作的主体，学生的意见和建议对于完善制度具有重要的参考价值。因此应建立有效的沟通机制，及时收集学生的反馈意见，并根据实际情况对制度进行调整和优化。

（5）还应加强毕业论文的监督和评估工作。这包括对学生论文写作过程的定期检查、对论文质量的综合评价以及对论文成果的公开展示等。通过这些措施，可以及时发现和解决学生在论文写作过程中遇到的问题，确保学生毕业论文的质量和水平达到预期目标。

参考文献

[1] 教育部.2022年全国教育事业发展统计公报[R/OL].（2023-07-05）[2024-05-13].
http://www.moe.gov.cn/jyb_sjzl/sjzl_fztjgb/202307/t20230705_1067278.html.

[2] 王松梅.经济类专业学生毕业论文质量下滑的原因及对策[J].管理观察，2016
（34）：137-139.

[3] 张伟峰，刘鹏飞，张昕，等.提升数学类专业本科毕业论文质量的几点思考[J].
大学教育，2017（3）：61-63.

[4] 闫守轩.体验与体验教学[J].教育科学，2004（6）32-34.

[5] 吴永梅.高等院校本科毕业论文质量管理体系建设研究[D].合肥：安徽农业大学，
2011.

[6] JULIE A，REYNOLDS R J，THOMPSON J. Want to Improve Undergraduate Thesis
Writing? Engage Students and Their Faculty Readers in Scientific Peer Review[J]. Life
Sciences Education, 2011（10）：209-215.

[7] ENGSTRÖM, HENRIK. A model for conducting and assessing interdisciplinary
undergraduate dissertations [J]. Assessment & Evaluation in Higher Education, 2015
（40）：725-739.

[8] 钱兵.本科生毕业论文存在的问题分析及改进策略[J].江苏高教，2017（10）：60-63.

[9] 邓磊波.理工科本科毕业论文存在的问题及质量提升建议[J].科技视界，2021
（26）：171-173.

[10] 王昊明，李铁梅，周扬力子.普通高等院校本科毕业论文存在的问题及对策探析[J].
韶关学院学报，2023，44（11）：1-6.

[11] 宋捷，姜丽，梁波，等.中药学专业毕业论文写作存在的问题及改进方法[J].中
国中医药现代远程教育，2023，21（16）：4-6.

[12] 李珊，罗婷丹.本科毕业论文写作中的逻辑问题与对策研究[J].兰州职业技术学
院学报，2024，40（2）：30-32，44.

[13] 刘赞玉.开放大学本科土木工程专业毕业论文质量保障体系研究[J].知识文库，
2024，40（11）：129-132.

[14] 林玉凤.高职毕业设计（论文）写作中存在的问题及对策[J].陇东学院学报，
2024，35（3）：127-130.

[15] 段冰.提高本科毕业论文质量的几点思考[J].江苏教育学院学报（社会科学版），2010，26（9）：60-63.

[16] 姚世斌，彭宇霞，潘艳，等.基于学术规范的本科毕业论文质量评价体系建设[J].高教探索，2016（S1）：98-99.

[17] 薛冬梅.浅谈高校毕业论文质量管理[J].学园，2018，11（24）：13-14.

[18] 林莉，刘静宜.重复率检测视角下应用型财经类高校本科毕业论文质量管理优化研究[J].科技创新与生产力，2022（2）：13-16，19.

[19] 何丽萍，杨颖羿.重塑高等教育背景下地方本科院校毕业论文质量保障体系[J].湖南科技学院学报，2023，44（2）：118-120.

[20] 杨林，余翔，韩菊红.基于导师制的本科生毕业论文质量提升探究[J].中国电力教育，2023（8）：52-53.

[21] 田东林，彭云，谭淑娟.高校本科生毕业论文质量影响因素分析[J].当代经济，2011（17）：94-95.

[22] 陈心想，董书昊.本科生毕业论文写作质量影响因素分析[J].中国大学教学，2022（3）：77-84.

[23] 白志玲，秦丙克.本科毕业论文质量影响因素分析[J].科学咨询（教育科研），2023（3）：48-50.

[24] 姬志恒.经管专业本科毕业论文质量影响因素及提升策略分析：来自山东省两所高校的经验证据[J].高教学刊，2024，10（3）：92-95.

[25] 江平.论毕业论文的全面质量管理和监控[J].黑龙江高教研究，2009（12）：150-152.

[26] 武云亮，陈阿兴.本科生论文质量的影响因素：基于财经类应届毕业生的问卷调查[J].郑州航空工业管理学院学报，2012，30（5）：87-91.

[27] 王守佳，胡亮，高淑贞，等.本科毕业论文质量管理体系及其信息化建设探究[J].实验室研究与探索，2019，38（7）：176-179，190.

[28] 廖妍，李昕.毕业论文过程性管理系统的设计与实现[J].数字技术与应用，2019，37（4）：163-164.

[29] 刘晓东，张静.高校毕业设计（论文）教学管理信息系统应用探讨[J].科技与创新，2020（21）：106-107.

[30] 孙超.高校毕业论文管理系统的设计与实现研究[J].信息记录材料，2021，22（11）：175-176.

[31] 王凌斐.本科生毕业论文管理系统的设计与分析：以上海电力大学经济与管理学院为例[J].经济师，2021（10）：206-207，209.

[32] 高传平，方东，孙华.本科生毕业论文（设计）质量提升探索：本科生导师制的应用与创新[J].高教学刊，2023，9（19）：165-168.

[33] 毛善超.高校本科毕业论文质量评价实证研究[D].广州：华南理工大学，2013.

[34] 时伟.大学本科毕业论文的弃与存[J].中国高等教育，2010（7）：45-47.

[35] 吴海波，陈拾菊.本科毕业论文质量评价标准研究[J].绍兴文理学院学报，2023，43（4）：105-112，121.

[36] 侯晓华.本科生毕业论文质量的影响因素及其监控[J].教育学术月刊，2011（7）：62-63，66.

[37] 教育部.教育部关于狠抓新时代全国高等学校本科教育工作会议精神落实的通知[EB/OL].（2018-08-27）[2024-05-13].http：//www.moe.gov.cn/srcsite/A08/s7056/201809/t20180903_347079.html?from=groupmessage&isappinstalled=0.

[38] 教育部.关于深化本科教育教学改革全面提高人才培养质量的意见[EB/OL].（2019-10-08）[2024-05-13].http：//www.moe.gov.cn/srcsite/A08/s7056/201910/t20191011_402759.html.

[39] 同济大学.关于印发《同济大学本科生毕业设计（论文）工作若干规定（2016年修订）》的通知[B/OL].（2016-11-19）[2024-05-13].https://jwc.tongji.edu.cn/01/8a/c33998a328074/page.htm.

[40] 四川大学.关于启动四川大学2024届本科毕业论文（设计）工作的通知[EB/OL].（2023-09-20）[2024-05-13].https://jwc.scu.edu.cn/info/1047/8419.htm.

[41] 上海交通大学.上海交通大学关于本科生毕业设计（论文）工作的指导意见[EB/OL].（2016-11-03）[2024-05-13].https://jwc.sjtu.edu.cn/info/1037/1143.htm.

[42] 东南大学.东南大学全日制本科学生毕业设计（论文）工作条例[EB/OL].（2023-09-27）[2024-05-13].https://xxgk.seu.edu.cn/2021/1122/c10807a391914/page.htm.

[43] 厦门大学.厦门大学本科毕业论文（设计）工作管理办法[EB/OL].（2016-05-06）[2024-05-13].https://jwc.xmu.edu.cn/info/1033/1116.htm.

[44] 西南交通大学.西南交通大学关于印发《本科毕业设计（论文）管理办法》的通知[EB/OL].（2023-07-20）[2024-05-13].http：//jwc.swjtu.edu.cn/download/rule/20231009104343726.pdf.

[45] 江南大学.关于印发《江南大学本科毕业设计（论文）管理办法（2020年修订）》

的通知（江大校办〔2020〕60号）[EB/OL].（2021-06-07）[2024-05-13].https://jwc.jiangnan.edu.cn/info/ 1065/6761.htm.

[46] 东华大学.东华大学本科毕业设计（论文）工作规范（试行）[EB/OL].（2018-11-22）[2024-05-13].https://www.dhu.edu.cn/wmzx/2015/0119/c104a53846/page.htm.

[47] 西南科技大学.西南科技大学本科毕业设计（论文）工作管理办法[EB/OL]（2023-04-18）.[2024-05-13]. http：//www.dean.swust.edu.cn/type/2c9fd0b8655589e50165558a199f0029/page/09ab6a9231ad49359d261cde18b4d28e.

[48] 南京审计大学.南京审计大学本科生毕业论文（设计）工作规范[EB/OL].（2024-03-08）[2024-05-13].https://jw.nau.edu.cn/2024/0308/c8251a125773/page.htm.

[49] 杭州电子科技大学.关于印发《杭州电子科技大学本科毕业设计（论文）管理办法》的通知[EB/OL].（2019-01-10）[2024-05-13].https://elec.hdu.edu.cn/2019/0301/c3246a91188/page.htm.

[50] 广西民族大学.关于做好2024届本科毕业论文（设计）工作的通知[EB/OL].（2023-11-16）[2024-05-13].https://jwc.gxmzu.edu.cn/info/1887/ 32633.htm.

[51] 大连理工大学.大连理工大学毕业设计（论文）工作管理办法[EB/OL].（2018-11-07）[2024-05-13].https://teach.dlut.edu.cn/info/1047/7412.htm.

[52] 河海大学.河海大学本科毕业设计（论文）教学要求及考核评价管理办法（试行）[EB/OL].（2021-11-25）[2024-05-14].https://jwc.hhu.edu.cn/2021/1125/c3117a231778/page.htm.

[53] 北京林业大学.本科毕业论文（设计）工作管理规定（修订）[EB/OL].（2021-05-08）[2024-05-14].https://jwc.bjfu.edu.cn/docs/20220108162400655965.pdf.

[54] 东北林业大学.东北林业大学毕业设计（论文）工作规范[EB/OL].（2016-04-19）[2024-05-14].https://jwc.nefu.edu.cn/info/1056/2035.htm.

[55] 深圳大学.深圳大学本科生毕业论文（设计）实施办法（修订）[EB/OL].（2023-10-13）[2024-05-14].https://jwb.szu.edu.cn/info/1358/2009.htm.

[56] 烟台大学.烟台大学本科生毕业论文（设计）基本格式要求（2024届）[EB/OL].（2023-12-26）[2024-05-14].https://jwc.ytu.edu.cn/info/1026/2355.htm.

[57] 沈阳工业大学.沈阳工业大学毕业设计（论文）工作的规定[EB/OL].（2020-09-09）[2024-05-14].https://lyjwzx.sut.edu.cn/content.jsp?urltype=news.NewsContentUrl&wbtreeid=1971&wbnewsid=4399.

[58] 内蒙古农业大学.内蒙古农业大学本科生毕业论文（设计）管理办法[EB/OL].

（2022-06-27）[2024-05-14].https://jwc.imau.edu.cn/info/1031/5939.htm.

[59] 华侨大学.华侨大学本科毕业设计（论文）管理办法[EB/OL].（2013-11-22）[2024-05-14].https://jwc.hqu.edu.cn/info/1141/5638.htm.

[60] 湖北大学.2024届本科毕业论文（设计）工作安排[EB/OL].（2023-10-12）[2024-05-14].https://jwc.hubu.edu.cn/info/1024/7477.htm.

[61] 河北地质大学.关于做好2024年毕业设计（论文）工作的通知[EB/OL].（2024-02-28）[2024-05-14].https://jwc.hgu.edu.cn/info/1129/3031.htm.

[62] 重庆师范大学.关于印发重庆师范大学本科毕业论文（设计）工作管理与实施办法的通知[EB/OL].（2024-03-07）[2024-05-14].https://jwc.cqnu.edu.cn/info/2021/7270.htm.

[63] 东北财经大学.东北财经大学本科毕业论文（设计）工作规程[EB/OL].（2024-03-01）[2024-05-14].https://jwc.dufe.edu.cn/content_81219.html.

[64] 邓英.财务管理专业本科毕业论文质量评价体系研究：基于《基础会计》[J].财会通讯，2011（15）：146-148.

[65] 蒋旨玉，吴庆华.本科毕业论文"存"与"废"研究述评[J].现代商贸工业，2021，42（18）：158-160.

[66] 陈文婷，师翌华.本科毕业论文评价指标体系构建：以广东省高校财会专业为例[J].教育现代化，2019，6（36）：95-99.

[67] 王明涛，李茜.财经类专业本科毕业论文质量保障机制创新研究：以上海财经大学金融学院为例[J].创新与创业教育，2020，11（2）：132-139.

[68] 刘倩，董芳，于瑞卿，等.本科毕业论文质量评价指标体系构建：以应用型院校经管类专业为例[J].金融教学与研究，2015（5）：78-81.

[69] 热娜古丽·阿不都热合曼，卢晶晶，尹丹丹，等."科研项目"指导高校化学专业本科"毕业论文"的探索与实践[J].化工时刊，2021，35（6）：4.

[70] 邝坦励，张仁军，陈松.基于导师制的本科毕业论文指导方式[J].重庆理工大学学报（社会科学版），2014，28（8）：148-149.

[71] 王雁.高校体育专业"体育科研方法"课程的教学改革研究：基于山西省某高校体育学院本科毕业论文的现状反思[J].教育理论与实践，2019，39（6）：61-63.

[72] 龚旖莲.高校体育教育专业本科毕业论文选题和质量研究[D].长沙：湖南师范大学，2016.

[73] 魏传华，贾旭杰，苏玉成.统计学专业毕业论文现状分析与对策研究：以中央民

族大学为例[J].中国电力教育，2013（4）：150-151，161.

[74] 籍艳丽，郜元兴，廖远甦.统计学专业本科毕业论文现状、问题及成因研究：以常熟理工学院为例[J].常熟理工学院学报，2018，32（3）：113-119.

[75] 杜红平，王元地.学术论文参考文献引用的科学化范式研究[J].中国科技期刊研究，2017，28（1）：18-23.

[76] 王洁，周宽久，侯刚.本科毕业论文文献质量评价方法和工具研究[J].实验室研究与探索，2015，34（2）：160-162，213.

[77] 杨江澜，王洁，李滢，等.本科毕业论文文献检索与利用中存在问题分析：以河北农业大学经管类专业毕业论文为例[J].河北农业大学学报（农林教育版），2018，20（2）：48-52.

[78] 刘小花，白海鑫，党玉丽.指导教师在化学本科毕业论文中的指导作用[J].河南教育学院学报（自然科学版），2010（2）：56-58.

[79] 王静.提升新能源材料类专业的本科毕业论文答辩质量的探讨[J].科教导刊（电子版），2023（20）：290-292.

[80] 杨明，董华强，温海祥，等.毕业论文答辩评分的改革与实践[J].农产品加工，2016（7）：61-63，66.

[81] 叶志军，徐爱江.论本科毕业设计（论文）选题质量的控制与管理[J].宁波工程学院学报，2008（2）：108-111.

[82] 向俊蓓.浅谈高职院校新任教师以老带新培养模式[J].卫生职业教育，2016，34（15）：17-18.

[83] 张杨.高职工商管理类专业双导师制度的探索与实践[J].才智，2018（22）：83-84.

[84] 王明涛，李茜.财经类专业本科毕业论文质量保障机制创新研究：以上海财经大学金融学院为例[J].创新与创业教育，2020，11（2）：132-139.

[85] 胡一博，赖玉洁.基于经管类本科生毕业论文质量提升的统计学改革思考[J].中外企业文化，2020（6）：167-168.

[86] 许平.引入ISO 9000质量管理理念建立高校本科毕业论文（设计）教学质量管理体系的研究[J].中国科技信息，2008（2）：202-204.

[87] 贝金兰，王春雨.基于PDCA循环提升本科毕业论文质量[J].科技与企业，2011（16）：219-220.

[88] 韦萍萍，张帆.PDCA循环法在毕业论文（设计）质量提升中的应用：以地方本科院校为例[J].教育观察（上半月），2016，5（4）：52-53，75.

[89] 李笔锋，邹强，李晓宝，等.基于PDCA循环的本科毕业设计（论文）质量监管体系研究：以海军工程大学某专业为例[J].大学教育，2023（18）：135-139，144.

[90] 刘清泉，尹喜云，王琳艳，等.毕业设计（论文）的PDCA循环管理模式探索与实践[J].当代教育理论与实践，2019，11（3）：61-66.

[91] 冯志军，明倩.经管类本科毕业论文存在的问题及对策研究：以DGUT为例[J].高教学刊，2020（2）：67-69.

[92] 赵晓丽，张晓丽.经管类本科毕业论文质量提升途径研究：以昌吉学院为例[J].科技经济市场，2022（6）：128-130.

[93] 何丽君.经管类专业本科毕业设计（论文）现状调查与质量提升研究：以广东理工学院为例[J].对外经贸，2021（11）：118-121.

[94] 邓俊英，刘家彬.提高本科毕业生学位论文质量的几点思考[J].教育教学论坛，2020（9）：288-290.

[95] 陈支武.经管类本科毕业论文质量提升[J].中国冶金教育，2019（1）：86-90.

[96] 张洪秀.高校本科毕业论文质量问题及对策[J].黑龙江教育（高教研究与评估），2016（1）：12-13.

[97] 林常青，肖生鹏.经管类本科毕业论文质量提升策略研究：以湖南工业大学为例[J].时代金融，2017（33）：281-282.

附　录

附录 1：本科毕业论文写作现状的调查问卷

您好！非常感谢您能参与此次问卷调查，此调查是一项关于统计学类本科毕业论文写作现状的调查，我们希望通过此次调查，深入了解统计学类本科毕业论文写作现状，以便为提高毕业论文质量提供有益的建议和参考。本次调查旨在收集统计类本科毕业论文选题、研究方法、参考文献、指导教师等方面的信息。希望您能抽出宝贵时间，依据您的毕业论文写作现状如实填写此问卷，您的回答对研究结果的科学性至关重要。本问卷采取匿名方式进行，所有回答都将保密，所有信息都仅用于学术研究。希望您可以抽出时间认真填写此问卷，再次感谢您的支持与配合！谢谢！

一、基本信息

1. 性别：

   A.男 　　　　　　　　　　　B.女

2. 您的专业：

   A.统计学 　　　　　B.应用统计学 　　　　　C.经济统计学

3. 您的指导教师职称：

   A.教授 　　B.副教授 　　C.讲师 　　D.助教 　　E.其他

4. 您的毕业论文完成时间：

   A.一个月内 　　　　　　　　B.二个月内

   C.三个月内 　　　　　　　　D.三个月及以上

5. 您的查重情况：

   A.0~10% 　　　　　　　　　B.11%~15%

   C.16%~20% 　　　　　　　　D.21%~30%

6. 您对毕业论文撰写的态度：

   A.很重视 　　　　　　　　　B.比较重视

   C.一般 　　　　　　　　　　D.不重视

   E.很不重视

二、选题情况

7. 您的毕业论文的研究类型为?

    A. 基础研究　　　　　　　　B. 应用研究

    C. 技术开发　　　　　　　　D. 其他研究

8. 您的毕业论文题目的来源?

    A. 导师指定　　　　　　　　B. 导师的课题或项目

    C. 从导师公布的选题中选取　　D. 自拟

    E. 其他

如果第8题选择了C项和D项，请回答第9题

9. 您主要是由于什么原因选择的毕业论文题目?

    A. 与自己的兴趣和特长有关

    B. 题目具有普遍性，资料易收集，论文易撰写

    C. 题目具有前沿性和创新性

    D. 与毕业实习内容有关

    E. 以前在学习过程中做的学年论文题目或挑战杯题目等

10. 选题过程中所查阅的参考文献数量?

    A. 5篇及以下　　　　　　　B. 6~10篇

    C. 11~20篇　　　　　　　　D. 21~30篇

    E. 31篇及以上

11. 您的毕业论文选题涉及的是什么层面?

    A. 宏观层面（全国或更大）　B. 中观层面（地区或行业）

    C. 微观层面（企业）

12. 您认为毕业论文选题时间是否充足?

    A. 很充足　　　　　　　　　B. 比较充足

    C. 一般　　　　　　　　　　D. 不充足

    E. 非常不充足

13. 您认为毕业论文选题的难度?

    A. 很难　　　　　　　　　　B. 比较难

    C. 一般　　　　　　　　　　D. 比较容易

    E. 很容易

三、统计方法

14.您在毕业论文中运用的统计方法有哪些？（多选）

    A.统计图表   B.方差分析

    C.回归分析   D.相关分析

    E.聚类分析   F.主成分分析

    G.判别分析   H.时间序列分析

    I.其他

15.您在毕业论文中运用的统计方法的种类数量有？

    A. 1种   B. 2种

    C. 3种   D. 3种以上

16.您了解您的毕业论文所使用的统计方法吗？

    A.非常了解   B.较为了解

    C.一般了解   D.不了解

    E.完全不了解

17.您通过何种方式选择毕业论文写作所需的统计方法？

    A.由指导教师指导   B.图书馆查阅

    C.上网查阅   D.平时课程积累

    E.其他

18.您的毕业论文所使用的统计软件包括什么？（多选）

    A. Excel   B. R软件

    C. Stata   D. SPSS

    E. MATLAB   F. Python

    G.其他

四、参考文献

19.您的毕业论文引用的参考文献数量为

    A. 5篇及以下   B. 6~10篇

    C. 11~20篇   D. 21~30篇

    E. 31篇及以上

20.引用的中文参考文献数量为

    A. 5篇及以下   B. 6~10篇

C. 11~20篇   D. 21~30篇

E. 31篇及以上

21.引用的英文参考文献数量为

A. 5篇及以下   B. 6~10篇

C. 11~20篇   D. 21~30篇

E. 31篇及以上

22.引用最多的参考文献类型（可多选）

A.期刊   B.专著

C.学位论文   D.报纸

E.专利   F.其他

23.引用的参考文献年份多为（可多选）

A. 2019—2024年   B. 2014—2018年

C. 2009—2013年   D. 2004—2008年

E.其他

24.您获取参考文献的途径（可多选）

A.网络信息   B.学术资料数据库（知网、万方等）

C.图书馆藏资源   D.其他

25.您选择参考文献的原因是什么？（可多选）

A.为自己的论文提供学术支持和证据

B.丰富研究内容，增加论文价值

C.为了凑文献个数

D.避免学术不端

26.您对引用文献格式的了解程度？

A. 完全不了解   B.不了解

C.一般   D.比较了解

E.非常了解

27.您认为获取参考文献的方便程度：

A.非常方便   B.比较方便

C.一般   D.不方便

E.很不方便

五、指导教师指导情况

28.指导教师对论文的指导内容（可多选）

    A.选题指导   B.论文提纲和框架结构指导

    C.研究方法指导   D.论文格式指导

    E.语句表达指导   F.其他

29.在毕业论文撰写过程中，指导教师的指导方式为（可多选）

    A.面谈   B.线上会议

    C.邮件   D.微信等通信软件

30.在毕业论文撰写过程中，指导教师的指导次数为

    A.1～2次   B.3～4次

    C.5～6次   D.7次及以上

31.您对指导教师指导的满意程度？

    A.非常满意   B.比较满意

    C.一般   D.不满意

    E.很不满意

附录2：统计学类本科毕业论文质量影响因素调查问卷（学生版）

亲爱的同学：

    您好！我们正在进行一项关于统计学类本科毕业论文质量影响因素的研究。毕业论文作为学术成果的重要体现，其质量不仅关系到学生的学业成绩，也影响到学生未来的学术发展。因此，我们希望通过此次调查，深入了解影响毕业论文质量的关键因素，以便为提高毕业论文质量提供有益的建议和参考。

    本次调查旨在收集关于统计学类本科毕业论文选题、研究设计、数据收集与分析、论文撰写与修改等方面的信息。我们承诺，您的所有回答将被严格保密，仅用于本次学术研究，不会泄露给任何第三方。您的参与对于我们的研究至关重要，您的宝贵意见将成为我们改进和提高毕业论文质量的重要依据。我们真诚地希望您能够抽出几分钟时间，认真填写这份问卷，对于"其他"类选项和开放式问题也希望能写上您宝贵的答案或建议。

    感谢您的支持与合作！我们期待您的参与，并祝您学业顺利，前程似锦！

学院：_____　专业：□统计学　□经济统计学　□应用统计学

指导教师职称：□教授　□副教授　□讲师　□助教

一、写作情况

1. 您认为本科毕业论文作为本科生一项非常重要的毕业指标有必要吗？

  A.完全没必要   B.没必要

  C.无所谓   D.有必要

  E.非常有必要

2. 您的学业总成绩在班级/系平均排名？

  A.前25%   B.前50%

  C.前75%   D.后25%

3. 您在撰写毕业论文时，尝试使用了前沿的研究方法和视角或者方法上的使用创新符合情况。

  A.完全不符合   B.不太符合

  C.一般   D.比较符合

  E.完全符合

4. 您对毕业论文的写作基本规范了解情况？

  A.非常不了解   B.不了解

  C.一般   D.了解

  E.非常了解

5. 以下因素对您写作态度的影响程度如何？

	非常大影响	较大影响	中等影响	较小影响	没有影响
个人兴趣和动机					
写作技能和经验					
时间管理和压力					
反馈和批评（来自导师、同学等）					
写作环境（如安静程度、学习氛围等）					
外部奖励和激励机制（如奖学金、发表论文等）					
考公、考研、工作、留学等压力					

6. 在撰写毕业论文的过程中，您认为自己的学科专业能力足够应对吗？

    A.远远不够   B.不太足够

    C.一般   D.足够

    E.完全足够

7. 您在选择本科毕业论文课题时，对其研究价值和实践意义的重视程度？

    A.非常不重视   B.不太重视

    C.一般   D.比较重视

    E.非常重视

8. 您在撰写毕业论文的过程中大约花费的实际时间是多少？

    A.1个月以内   B.1～3个月

    C.4～6个月   D.7～12个月

9. 您在撰写毕业论文时，制订了详细的时间管理计划以高效完成任务并按时提交论文的情况。

    A.从未制订：我在撰写毕业论文时从未制定过详细的时间管理计划。

    B.很少制订：虽然我认为时间管理很重要，但我在撰写毕业论文时很少制定详细的时间管理计划。

    C.有时制订：在撰写毕业论文的过程中，我有时会制定详细的时间管理计划。

    D.经常制订：在撰写毕业论文时，我经常制定详细的时间管理计划。

    E.总是制订：在撰写毕业论文时，我总是制定详细的时间管理计划。

10.您的毕业论文选题方式是什么？

    A.教师拟定题目   B.自选题目

    C.其他（请注明_____）

11.您的毕业论文的选题难度如何？

    A.非常容易   B.比较容易

    C.一般   D.比较困难

    E.非常困难

12.您在论文撰写过程中是否中途更改选题？

    A.是   B.否

13.您中途更换选题的原因是什么？

    A.选题不具有研究价值

B.查找不到相关的文献资料

C.收集到的数据不适用预期所用的研究方法

D.指导教师不能给予正确的指导

E.其他（请注明_____）

14.您在撰写论文前，对所选课题进行了充分的文献回顾和资料收集的符合情况。

　　A.完全不符合　　　　　　　　B.不太符合

　　C.一般　　　　　　　　　　　D.比较符合

　　E.完全符合

15.在撰写论文前，您的文献阅读量为多少？

　　A.5篇以下　　　　　　　　　 B.5～10篇

　　C.11～15篇　　　　　　　　　D.16～20篇

　　E.20篇以上

16.您对抄袭、剽窃、伪造数据等学术不端行为的定义和后果的了解程度。

　　A.完全不了解　　　　　　　　B.了解较少

　　C.一般了解　　　　　　　　　D.比较了解

　　E.非常了解

17.您会为了评上优秀毕业论文而更加认真地撰写毕业论文吗？

　　A.完全不会：我不会因为想要评上优秀毕业论文而更加认真地撰写论文。

　　B.不太可能：虽然优秀毕业论文是一种荣誉，但我不会因此而显著增加我的写作努力程度。

　　C.可能：我会考虑优秀毕业论文作为一个激励因素，但我会在保持学术质量的前提下撰写。

　　D.非常可能：我会非常认真地撰写毕业论文，以期望能够评上优秀。

　　E.一定会：我会全力以赴地撰写毕业论文，以确保能够评上优秀。

18.您认为对自己撰写本科毕业论文的主要障碍是什么？（排序）

　　A.时间紧迫，静不下心作论文　　B.缺乏相关指导训练，不懂如何写论文

　　C.选题与自己的爱好兴趣脱节　　D.相关文献资料难以收集

　　E.缺乏奖惩机制，动力不足　　　F.其他（请注明_____）

二、师生互动

19.您每周与导师交流的频次是？

  A.0次   B.1～2次

  C.3～4次   D.5次及以上

20.您与指导教师在论文写作过程中采用了哪些互动方式？（多选）

  A.面对面交流   B.电子邮件沟通

  C.线上会议/视频会议   D.社交媒体或即时通信工具

  E.其他（请注明＿＿＿＿＿＿）

21.您更倾向于哪一种互动方式？

  A.面对面交流   B.电子邮件沟通

  C.线上会议/视频会议   D.社交媒体或即时通信工具

  E.其他（请注明＿＿＿＿＿＿）

22.在您请教指导教师过程中，指导教师的态度如何？

  A.非常认真   B.认真

  C.一般   D.不认真

  E.非常不认真

23.在导师关于毕业论文的撰写指导中，您认为指导教师在哪些方面帮助更大？

  A.研究方向与选题   B.文献综述与资料收集

  C.研究方法与实验设计   D.论文撰写与修改

  E.时间管理与进度监控   F.心理支持与鼓励

  G.学术交流与拓展   H.其他（请注明＿＿＿＿＿＿）

24.您认为指导教师在指导论文时存在哪些问题？（多选）

  A.没有及时辅导   B.忙于个人的事情而忽略学生

  C.专业学术素养有待提高   D.论文题目设置独断，缺乏民主性

  E.指导学生数量太多，导致指导力度不够

  F.其他（请注明＿＿＿＿＿＿）

三、学校组织管理

25.您认为学院（学校）毕业论文指导性文件的清晰明确程度如何？

  A.非常不清晰   B.不太清晰

  C.一般   D.比较清晰

E.非常清晰

26. 学院（学校）定期组织与毕业论文相关的学术活动（如研讨会、讲座等）的频次。

    A.从未组织　　　　　　　　　B.偶尔组织

    C.有时组织　　　　　　　　　D.经常组织

    E.总是组织

27. 您参加这些学术活动（如研讨会、讲座等）的频次。

    A.从未参与　　　　　　　　　B.很少参与

    C.有时参与　　　　　　　　　D.经常参与

    E.总是参与

28. 您周围（学院、班级和宿舍）的学术氛围。

    A.非常浓厚　　　　　　　　　B.比较浓厚

    C.一般浓厚　　　　　　　　　D.不太浓厚

    E.几乎无氛围

29. 您认为学校的图书馆（包括电子信息资源）、自习室等学习资源是否充足且易于使用。

    A.非常不充足/不易使用　　　　B.不太充足/不易使用

    C.一般　　　　　　　　　　　D.比较充足/易于使用

    E.非常充足/易于使用

30. 您认为学院（学校）的毕业论文审核流程以及答辩过程怎样？

    A.非常不严格　　　　　　　　B.不太严格

    C.一般　　　　　　　　　　　D.比较严格

    E.非常严格　　　　　　　　　F.其他

31. 您主要使用哪种统计软件来完成您的本科毕业论文？

    A. SPSS　　　　　　　　　　　B. Stata

    C. R软件　　　　　　　　　　 D. Python

    E. MATLAB　　　　　　　　　 F.其他（请注明＿＿＿＿＿）

32. 您在使用统计软件方面的经验。

    A.非常丰富　　　　　　　　　B.比较丰富

    C.一般　　　　　　　　　　　D.较少

    E.完全没有

33.您是否参加过相关的统计竞赛？

    A.是（请填写第34题）   B.否（直接跳转到第35题）

34.您参加过哪些相关的统计竞赛？

    A.统计建模比赛   B.全国大学生市场调研大赛

    C.挑战杯   D.互联网＋大赛

    E.其他（请注明_____）

35.您认为学校在以下哪些方面能为您提供更好的支持以帮助您完成毕业论文？
（多选）

    A.提供更多的学术资源（如图书馆资料、数据库等）

    B.加强导师的指导与反馈

    C.举办更多关于论文写作和研究的讲座或研讨会

    D.提供心理咨询或情绪支持服务

    E.其他（请注明_____）

36.您认为毕业论文的质量主要受哪些因素影响？

    A.指导教师水平   B.自身重视程度

    C.学校提供的资源   D.自我监督和时间安排

    E.周边氛围   F.其他（请注明_____）

37.在撰写毕业论文的过程中，您认为以下内容难度如何？

	非常容易	比较容易	一般	比较困难	非常困难
选题					
文献检索与综述					
数据收集与处理					
理论应用与实证分析					
方法选择与模型构建					
论文撰写与表达					
时间管理与进度控制					

38.您对以下内容的满意度。

	非常不满意	不满意	一般	满意	非常满意
论文准备、资料收集、数据分析、数据建模等环节					

	非常不满意	不满意	一般	满意	非常满意
指导教师在研究过程中给予的支持和指导					
（学校）学院在毕业论文写作的组织管理工作中给予的支持和指导					
论文内容、结构、逻辑、语言表达等方面的满意度					
论文写作过程中展现的自主性、责任感和解决问题能力					
对毕业论文的整体投入程度和情感满足感					

39.您对以下内容的看法。

	完全不同意	不同意	一般	同意	完全同意
论文达到预期的研究目标且结论清晰、有说服力					
自己的毕业论文具有创新性和学术价值					
通过完成毕业论文，自己在学术能力、研究技能、批判性思维等方面有了显著的提升					
论文在完成过程中获得了导师或指导教师的正面评价和认可					
觉得完成论文的过程虽然艰辛但充满收获和成就感					

40.您在完成论文过程中的综合满意度是?

  A.非常不满意   B.不满意

  C.一般   D.满意

  E.非常满意

41.您是否有其他关于学院（学校）组织管理工作对本科毕业论文质量影响的建议或意见?

42.您对提高本科毕业论文质量有哪些建议?

附录3：统计学类本科毕业论文质量影响因素调查问卷（指导教师版）

亲爱的老师：

您好！我们正在进行一项关于统计学类本科毕业论文质量影响因素的研究。毕业论文作为学术成果的重要体现，其质量不仅关系到学生的学业成绩，也影响到学生未来的学术发展。因此，我们希望通过此次调查，深入了解影响毕业论文质量的关键因素，以便为提高毕业论文质量提供有益的建议和参考。

本次调查旨在收集关于教师角度下指导统计学类本科毕业论文选题、论文撰写与修改以及关于毕业论文的建议等方面的信息。我们承诺，您的所有回答将被严格保密，仅用于本次学术研究，不会泄露给任何第三方。您的参与对于我们的研究至关重要，您的宝贵意见将成为我们改进和提高毕业论文质量的重要依据。我们真诚地希望您能够抽出几分钟时间，认真填写这份问卷。

感谢您的支持与合作！我们期待您的参与，并祝您工作顺利！

一、学术水平

1. 您的职称是?

   A.教授　　　　　　　　　　B.副教授

   C.讲师　　　　　　　　　　D.助教

2. 您指导学生毕业论文的经验是多久?

   A.2年及以下　　　　　　　B.3～5年

   C.6～10年　　　　　　　　D.11～15年

   E.15年以上

3. 您每年所指导的本科毕业生人数?

   A.3人及以下　　　　　　　B.4～5人

   C.6～8人　　　　　　　　D.9～10人

   E.10人以上

4. 您主持的项目都有哪些?（多选）

   A.国家级　　　　　　　　　B.省部级

   C.校级　　　　　　　　　　D.其他

二、师生互动

5.您一般通过何种方式指导学生的论文写作？（多选）

　　A.面对面交流　　　　　　　　B.电子邮件沟通

　　C.线上会议/视频会议　　　　　D.社交媒体或即时通信工具

　　E.其他（请注明_____）

6. 在论文撰写过程中您为学生提供了哪些资源支持？（多选）

　　A.相关资料、文献　　　　　　　B.统计软件等研究工具

　　C.定期开展研讨会　　　　　　　D.论文写作模板和要求

　　E.时间管理和规划的建议

7. 您每周与学生交流的次数？

　　A.0次　　　　　　　　　　　　B.1～2次

　　C.3～4次　　　　　　　　　　 D.5～6次

　　E.6次以上

8. 您通常会为每位毕业生修改多少次论文？

　　A.3次以下　　　　　　　　　　B.3～5次

　　C.6～8次　　　　　　　　　　 D.9～10次

　　E.10次以上

9. 您认为您所指导的学生对撰写毕业论文的态度如何？

　　A.非常认真　　　　　　　　　　B.较认真

　　C.一般　　　　　　　　　　　　D.不认真

　　E.完全应付了事

10.您认为学生在毕业论文选题时，最大的困难是什么？（限选3个，并排序）

　　A.难以确定研究方向　　　　　　B.缺乏实际应用选题

　　C.选题创新性不足　　　　　　　D.对统计学理论掌握不够

　　E.其他（请注明_____）

11.您认为您的学生的统计学理论掌握程度如何？

　　A.非常熟练　　　　　　　　　　B.不错

　　C.一般　　　　　　　　　　　　D.不太熟练

　　E.非常不熟练

12.您认为您的学生对统计学软件的掌握程度如何？

    A.非常熟练　　　　　　　　　B.不错

    C.一般　　　　　　　　　　　D.不太熟练

    E.非常不熟练

13.您认为您的学生写作方法和思路是否正确？

    A.非常正确　　　　　　　　　B.正确

    C.一般　　　　　　　　　　　D.不太正确

    E.非常不正确

三、观点态度

14.在学生撰写毕业论文的过程中，您认为以下选项对学生而言难度如何？

	非常容易	比较容易	一般	比较困难	非常困难
选题					
文献检索与综述					
数据收集与处理					
理论应用与实证分析					
方法选择与模型构建					
论文撰写与表达					
时间管理与进度控制					

15.您认为学生对毕业论文的写作基本规范了解情况？

	非常不了解	不太了解	一般	比较了解	非常了解
论文结构					
论文格式					
引言					
摘要与关键词					
文献综述					
研究方法					

	非常不了解	不太了解	一般	比较了解	非常了解
实证分析 与结果讨论					
结论					
参考文献					

16.以下因素对学生毕业论文质量的影响程度如何？

	非常大影响	较大影响	中等影响	较小影响	没有影响
学生的研究 兴趣和积极性					
学生的学术基础					
指导教师的 专业水平和经验					
论文的选题 和研究内容					
时间管理与计划安排 的有效性					
学校提供的 资源和支持					
考公、考研、工作、 留学等压力					

17.在您看来，最有效的选题来源是什么？（多选）

A.导师的研究兴趣和项目　　　　B.学生自主提出的课题

C.行业热点和社会需求　　　　　D.国际前沿科技或理论

E.其他（请注明_____）

18.您是否同意目前指导的本科生的毕业论文的选题具有科学性和合理性。

A.完全同意　　　　　　　　　　B.同意

C.一般　　　　　　　　　　　　D.不太同意

E.完全不同意

19.对于"毕业论文是检验学生综合素质的最佳方式"这一观点您的看法如何？

A.完全同意　　　　　　　　　　B.同意

C.一般　　　　　　　　　　　　D.不太同意

E.完全不同意

四、学校组织管理

20.您认为贵院学术氛围怎么样?

    A.非常浓厚   B.比较浓厚

    C.一般   D.不太浓厚

    E.几乎无氛围

21.您希望学校如何支持您的毕业论文指导工作?（多选）

    A.加强学生统计学基础教育   B.加强论文撰写与表达技巧的培训

    C.提供更多的研究资源和设施   D.提供与论文答辩工作方面的支持

    E.其他（请注明_____）

22.您认为学院（学校）的毕业论文审核流程以及答辩过程如何?

    A.非常不严格   B.不太严格

    C.一般   D.比较严格

    E.非常严格

23.您如何看待当前的答辩环节设置?

    A.非常合理，能有效考查学生能力

    B.合理，但不能完全能考查学生能力

    C.一般

    D.流程烦琐，需要简化

    E.过于形式化，不能真正反映水平

五、本科毕业论文完成满意度

24.您对学生在以下各个环节的满意程度如何?

	非常满意	满意	一般	不满意	非常不满意
论文准备					
资料收集					
数据分析					
数据建模					
论文修改					
答辩环节					

25.您对学生在论文以下各个方面的满意程度如何?

	非常满意	满意	一般	不满意	非常不满意
论文内容					
论文结构					
语言表达					
论文创新性					

26.您认为您学生的论文质量是否符合标准?

　　A.非常符合　　　　　　　　　　B.符合

　　C.一般　　　　　　　　　　　　D.不太符合

　　E.完全不符合

27.您是否同意您学生的毕业论文具有创新性和学术价值。

　　A.完全同意　　　　　　　　　　B.同意

　　C.一般　　　　　　　　　　　　D.不同意

　　E.完全不同意

28.您对学生在论文写作过程中展现的自主性和问题解决能力满意度如何?

　　A.非常满意　　　　　　　　　　B.满意

　　C.一般　　　　　　　　　　　　D.不满意

　　E.非常不满意

29.您对学生对毕业论文的整体投入程度满意度如何?

　　A.非常满意　　　　　　　　　　B.满意

　　C.一般　　　　　　　　　　　　D.不满意

　　E.非常不满意

30.您对学校本科毕业论文写作组织管理工作是否满意?

　　A.非常满意　　　　　　　　　　B.满意

　　C.一般　　　　　　　　　　　　D.不满意

　　E.非常不满意

31.您对学校的答辩管理方面是否满意?

　　A.非常满意　　　　　　　　　　B.满意

　　C.一般　　　　　　　　　　　　D.不满意

　　E.非常不满意

六、其他

32.您是否有其他关于学院（学校）组织管理工作对本科毕业论文质量影响的建议或意见？

33.您对提高学校本科论文质量有哪些建议？